Neets'ąįį Gwiindaii
Living in the Chandalar Country

by
Katherine Peter

Katherine Peter in 1990

Neets'aii Gwiindaii
Living in the Chandalar Country

by
Katherine Peter

retranslated by Adeline Raboff

Alaska Native Language Center
University of Alaska Fairbanks
1992

Neets'ąįį Gwiindaii: Living in the Chandalar Country
© 1992 by the Alaska Native Language Center, College of Liberal Arts,
University of Alaska Fairbanks; and Katherine Peter

First Printing, September 1992   200 copies
Second Printing, June 1993   400 copies
Third Printing, May 2010   200 copies

Cover photos:
    1) Sheenjek River valley. Photo by Roger Kaye, courtesy of U.S. Fish and Wildlife
       Service.
    2) Chief Esias and Katherine Loola, Fort Yukon, date unknown. Photo
       courtesy of Katherine Peter.
Cover design by Dixon Jones, UAF IMPACT

Address correspondence to:
Alaska Native Language Center
University of Alaska Fairbanks
Fairbanks, Alaska 99775-7680
fyanlp@uaf.edu

10-digit ISBN 1-55500-107-6
13-digit ISBN 978-1-55500-107-0

Dedication

To the people who contributed to my knowledge of the Gwich'in language:
Rev. David Wallis, interpreter.
Esias Loola and Katherine Loola, who raised me.
Rev. Albert Tritt, a self-taught person who has knowledge of the Holy Bible in
    (*Takudh*) *Dagǫǫ*.
Rev. David Salmon, a student of Rev. Albert Tritt.

East Fork Chandalar River above Arctic Village, looking upriver. Photo courtesy of Katherine Peter.

Contents

INTRODUCTION

This book is a remarkable chapter in the life of a remarkable Alaskan woman. It is Katherine Peter's own account in her native Gwich'in Athabaskan language of her life during the period 1936-1947, as a young woman just married. She was born Katherine Joseph in Stevens Village on the Yukon in 1918. Her parents died when she was quite young; in 1925 she was adopted by a leading family in Fort Yukon, that of Chief Esias Loola. She had come to the Loola household speaking Koyukon Athabaskan, but at Fort Yukon she quickly learned Gwich'in, which fully replaced Koyukon as her first language.

Roman Catholic and Anglican missionaries came to the Gwich'in area in the 1860s, and by the 1870s they were already very active in writing and publishing religious materials in the Gwich'in language. The Anglican Archdeacon Robert McDonald established a religious literature in a writing system based on a form of Gwich'in that became the literary dialect called Dagqq (Takudh). About fifty printings were published in that dialect of Gwich'in, including the entire Bible (1898), six printings of the Book of Common Prayer (1873-1957), and about a dozen printings of the Hymnal (1881-1984). These works formed the base of a literacy tradition that became by far the strongest of any Alaskan Indian language.

At the very beginning of this tradition, McDonald's journal already mentions William Loola (1854-1918) as a "Christian leader of the Black River Indians" in 1869, and mentions teaching him to read Dagqq in 1871. Chief Esias

Loola of Fort Yukon (died 1955) was William Loola's son and Katherine Peter's adoptive father. Katherine remembers her adoptive mother Katherine Loola (died 1945) as a very devout woman who read the Dagǫǫ Bible and Prayer Book and sang from the Hymnal for her every Sunday, even out in camp. Katherine Loola's brother was David Wallis (1873-1942), church interpreter and Sunday-school teacher at Fort Yukon, who had learned the tradition at Rampart House. In David Wallis's Sunday-school classes, Katherine Peter became further steeped in the Dagǫǫ tradition. Growing up in that family at Fort Yukon, young Katherine was thus raised and educated in a very strong and rich Gwich'in cultural life. At the same time, she attended "on and off" (with plenty of time off for extended periods of traditional pursuits) the one-room Bureau of Indian Affairs school at Fort Yukon, where she also learned English language and literacy, at her own pace – surely a good one. Her love of learning, in either language, has never stopped.

In 1936 Katherine married Steven Peter and moved to Arctic Village, beginning the period of her life this book is about, of a woman well educated in both languages and cultures, living now still more of the time rather traditionally off the land. However, already in 1942 she had her first stint as a schoolteacher, drafted at Arctic Village as the only available person literate in English. In Fort Yukon in 1956 and 1957 she taught school again, and in 1960 she resettled there to raise and educate her children.

In the late 1960s at Fort Yukon she first became associated as a Bible translator with Richard Mueller of the Summer Institute of Linguistics and Wycliffe Bible Translators. In 1970 she moved to Fairbanks, just at the beginning of the movement that brought bilingual education or the use of Alaska Native languages into the schools by State legislation in 1972. The same legislation in that same year established the Alaska Native Language Center at the University of

Alaska Fairbanks. On a visit to Fort Yukon in 1972 Katherine saw some of the first new Gwich'in language schoolbooks printed in Mueller's practical modern orthography in the daily language, and was immediately struck by how much easier it was to learn. She decided to pay a visit to the Center to learn that, which she did. It was my privilege to teach her how the system worked, and she mastered it in a matter of days. For the next seven years, 1973 to 1980, she worked with us here as a University faculty member at the Alaska Native Language Program, teaching the Gwich'in language now at the university level, the first time that language was ever taught at a university. This she did at first with some help and on-the-job training from Nancy McRoy, at first-year level and later also at second. At the same time, during her career here at the Alaska Native Language Center, Katherine Peter transcribed and composed what is by far the largest and most important body of Gwich'in writing in this century, a whole shelf full of materials in Gwich'in. The more than one hundred works include many published schoolbooks, a school dictionary, volumes of stories, narratives, and legends, editions of the texts told to Edward Sapir in 1923 by John Fredson, *Dinjii Zhuu Gwandak*, and many files of equally valuable unpublished materials, including linguistic studies and text transcriptions from about twenty-eight Gwich'in storytellers. This work also includes her retranscription and transcription from tape of Albert Tritt's Arctic Village Journals (from Albert Tritt's manuscript and Isaac Tritt's taped reading of it). Katherine had worked with Albert Tritt at Arctic Village during the 1940s interpreting and had learned a considerable amount of Dagǫǫ from him as well.

She retired from the Center in 1980, but continues her involvement with her language work, including the transcription and translation of the memoirs of Belle Herbert (*Shandaa/In My Lifetime*, Alaska Native Language Center 1982), the texts of another dozen schoolbooks for the Yukon Flats School District in 1983,

Chandalar area place-names survey with Rick Caulfield, and editorial, grammatical, and dictionary work with us.

In 1976 she first drafted the present major work and most personal of her writings. This was published for the first time in 1981, with the encouragement and support of Jane McGary, and edited and with an introduction by her, with the tone marks transcribed by Jeff Leer. For the present new edition the Gwich'in text was completely retyped by Katherine's daughter, Kathy Sikorski; then Katherine Peter's daughter Adeline Raboff repunctuated and reparagraphed the Gwich'in text, which Katherine Peter herself then reviewed and made final corrections on. Adeline Raboff revised the English translation throughout, adding explanatory footnotes. The translation of Katherine's text is just that, from a language very different from English and a world very different from what English represents.

I am indeed pleased as Director of the Alaska Native Language Center to see published this new edition of this unique part of Katherine Peter's vast contribution to the cultural history of the Gwich'in people and of Alaska.

Michael Krauss
ANLC, 1992

People of Arctic Village with Rev. Albert Tritt at the Bishop Rowe Chapel in the early 1940s. Photo from the Arctic Village Collection, University of Alaska Fairbanks Archives.

East Fork, Chandalar River. Photo by Roger Kaye, courtesy of U.S. Fish and Wildlife Service.

Katherine Peter's mother, Annie Joseph, left, and aunt, Belle Stevens Luke. The name of the child is unknown. Photo courtesy of Katherine Peter.

CHAPTER 1

Tr'ookìt Vashràįi K'ǫǫ K'eihdik

Gwichyaa Zhee Chief Esiàs Loolà vizheh dink'iĭdhat. Tr'ookìt Vashràįi K'ǫǫ łąįi hàa tąįi gwichyah gwinjik tr'ahàajil. Mosès Martìn dizheh k'aa chan, Abèl Tritt nąįi hàa gwats'à' tr'eedàa.

Łąą sevèn times tr'ąąhaa dǫhłįi. Chuuluu chan nizįi. Joseph Peter dilìk làt dineeñiinlii. Tr'iinin three months old chan tr'ahchyaa. Geetàk łyâa ninyùk tr'ahadàl dąi' tr'iinin dachaavał zhìt gwintł'òo itree. Gohch'it hee oondaa nàradàl izhìk chan zheh tr'ìilęę gwadhaa hee nihdèe riheedàa t'igwii'in kwaa. Geetàk zheh gwadhàh naratthak. Geetàk chan zheh gwajàt gòo'ąįi łii, aii gwizhìt tr'įikhwal. Chan gwîink'oo. Zheh Gwatsal k'eeriidàl dąi' gwizhrįi zheh gwìindhaa tr'ąąhaa. Aii gwats'an Vashràįi K'ǫǫ gwats'à' neekwat tr'ąąhaa.

April 1936 drin tł'an gehndàa tr'igwìindhat gwiizhik Vashràįi K'ǫǫ k'eeriidàl. At'oohjù' łąą Stevèn Petèr vitì' vanàrąąhjìk łii gwiizhik k'eeriidàl. Dinjii ineech'agąh'àl ndàa nagąąhjìk łii gwiizhik k'eeriidàl. Shíh tr'ookít ii'àl t'ee ts'it, shìh niłehts'ì' t'iich'yaa gwànlįi. Shakąi' vahan Soozun Peter, Myra Peter, David Peter, Noah Peter jii nąįi khehłòk zheh gwizhìt gwigwich'įi gavàa tr'igwich'įi.

2

CHAPTER 1

When I First Arrived at Arctic Village

I was raised at Fort Yukon in the house of Chief Esias Loola.[1] This is the first time I went to Arctic Village and we went with dogs along a wide trail. We were traveling with Moses Martin and his household and with Abel Tritt.

We actually camped seven times, I think. The trail was good, too. Joseph Peter loaned us some of his dogs. We also took with us a three-month-old child. Sometimes when we went really far, the child in the toboggan would cry a lot. When we would finally reach our destination, it's not as if we had a warm house ready to go into. Sometimes we pitched a tent. Other times we found a deteriorating old cabin and camped there. It was cold, too. The only time we stayed in a warm house was at *Zheh Gwatsal*. From there to Arctic Village we camped two nights.

In April 1936 we arrived past mid-day at Arctic Village. Evidently they had just buried Steven Peter's father when we arrived. It seems that they had finished feeding the men as we arrived. Porcupine was the first food I ate; there was a lot of all kinds of food. My husband's mother Soozun Peter, Myra Peter, David Peter, and Noah Peter, all these lived together in a house, and there we lived with them.

---

1. Katherine Peter's early years in the household of the Chief Esias Loola play a very significant part in her life. She was raised during a time of great change in Gwich'in material, cultural and spiritual life. Chief Esias Loola was the embodiment of the order and thought of his day.

Gwichyaa Zheh gwats'an Vashrążii K'ǫǫ gwats'à' one hundred fifty miles ginyaa. Aii Vashrążii K'ǫǫ gwats'à' Dachanlee vadzaih gwànlįį.

Izhìk Dachanlee tr'igwîiłk'in hee, Abel t'ashàhnyaa, "Yi'èendee ddhah choo neekhêen'ee gwąąh'in? Izhîk t'ee Vashrążii K'ǫǫ gòo'ąįi t'ôonch'yaa," shàhnyaa. Zhyąą sheedlàa t'inyaa łìi. Aii ddhah t'èe Nitsįi Ddhàa òaazhii zhree.

Diilìk kwaii vadzaih hàagiindàii kwaa ts'à' tthaa ch'agogwaatlaa. Gwiizhik Joseph Peter vilìk nąįi gwintl'òo shraa hàa gah'àl.

Aii Zheh Gwatsal gehndàk ddhah tr'ookìt nahgwàn nał'in gwintl'òo shèenjìt aakin ch'igwîidlįį. Izhìk Vashrążii K'ǫǫ k'eeriidàl dąįi', Rev. Albert Tritt dizheh k'aa; Gilbert Joseph daga'at, James Gilbert dizheh k'aa, Esias James dizheh k'aa, Gabriel Peter daga'at, Moses Sam dizheh k'aa, Lucy Frank dìgizhuu, Elijah Henry dizheh k'aa, Isaac Tritt va'at Bertha googii nąįi hàa, Joseph Peter dizheh k'aa. Jii nąįi izhìk dąįi' zhat gwich'įi. Nich'it tik nąįi zhrįi shoahthaa aii gavoozhrì' Bella Henry, Myra Peter ts'à' Joan Peter gwàazhii.

Datthak dachan zheh gwigwìi'įi. Goolàt nąįi ch'iitsii k'aahkàii diikwài' hàa vàa k'eech'araahkàii gii'įi. Ch'iitsii choo, cook stove kwaii gàa. Goodehk'ìt aii dachan hàa gwìłtsąįi. Aii datthak dachaavał hàa Gwichyaa Zhee gwats'an oondàk neegiyaazhìk. Dinjii làt nąįi chan ànts'à' chųų vęę nineegiidàl łìi gehnaa dąįi'. Zhat k'eihdik gwats'an łąą oo'àn chųų vęę neegogwaa'in kwàa.

Gwichyaa Zheh gwats'à' ninghìt ts'à' chan vàanòodlit shìh gwànlįį kwàa. Juu Gwichyaa Zheh łąįi hàa nahak aii zhrįi vàanòodlit shìh tsal di'įi. Aii chan ninghùk kihatthak kwaa.

From Fort Yukon to Arctic Village is 150 miles, they say. There were a lot of caribou on *Dachanlee* on our way to Arctic Village.

There at *Dachanlee* while by the campfire, Abel told me, "Do you see the big mountain bluff way up ahead? There it is, that's where Arctic Village is," he said to me. Well, it seems he was just joking with me when he said that. In fact, that mountain is called Big Mountain.

Our dogs didn't know about caribou and they just went skidding along! Meanwhile, Joseph Peter's dogs went along barking loudly.

After *Zheh Gwatsal* the mountains began and it was the first time I'd ever seen mountains up close. The sight of them filled me with joy and wonderment. There at Arctic Village when we arrived were Rev. Albert Tritt and his household, Gilbert Joseph and his wife, James Gilbert and his household, Esias James and his household, Gabriel Peter and his household, Moses Sam and his household, Lucy Frank and her son, Elijah Henry and his household, Isaac Tritt, his wife Bertha and their children, and Joseph Peter and his household. These people lived there at that time. There were only three young women of my age, named Bella Henry, Myra Peter and Joan Peter.

They all had log houses. Some of them owned treadle sewing machines. There were big iron stoves, even cook stoves.[2] Their beds were made of wood. They brought all that stuff up there on toboggans from Fort Yukon. Some of the men had formerly gone back and forth to the (Arctic) ocean shore. However, after I arrived there they did not visit the ocean shore.

It was a long way to Fort Yukon and so there was not much white man's food. Only one who had been to Fort Yukon with dogs had a little white man's food. And that didn't last very long.

---

2. The number and quality of traded household items impressed her because of the isolation of the village and the great distances things had to be taken by dog team and sled.

Soozun Peter aii vakàị' Peter John òaazhii aii Gwichyaa Zheh nihee gwiizhik tạįį gwinjik didrìi hàa nindhat. Aii t'ee anàgạhjii gwiizhik k'eeriidàl t'iihnyaa. Aii gwat'san vàanòodlit shìh tsal k'ậạhtii aii Drin Zhìt gwiteegwậạhch'yaa gwizhrịį sungàịį, łùhch'yaa, rice kwaii jidìi tsal vakahch'yàa. Aii Drin Zhìt gwats'à' neegweedhaa dàị' gwats'à' khadhalchị̀'.

Aii Vashrậịį K'ọọ nehshrit drin deetàk nèekwạịį gwigwinchị̀' ts'à' it'ee "Aii gehndee Van Vats'an Hahdlaii giyàhnyaa vẹ̀ẹ gwats'à' tr'ahoojyàa," ginyaa. Aii Peter nạịį zheh k'aa zhrịị. Izhìk gwà'àn vadzaih gwànlịį èenjìt t'iginyaa. Vashrậịį K'ọọ gwats'an three or four miles gwizhrịį gwats'à' gwèedịį zhree.

Gwichyaa Zheh shìh dàazhyaa datthak ih'àa gogwal'ị̀', àkwàt khan hee nilịį zhrịį ih'àa ts'à' shreenan nèekwạịį łậạ ałts'ìk. Shitsụụ Soozun vadzaih nilịį niłehts'ì' vikeeyahch'yàa shantł'àhchak googàa sheenjit ìizụụ. Gwichyaa Zheh vadzaih nilịị geetàk tr'a'àa gàa ch'izhii shìh vàa gwànlịį ts'à' ihłàii kwaa łii. Gàa adan zhrịị gwintł'òo shàa vagwaandàii. Aiitł'ẹẹ vagwal'ị̀' tł'ẹẹ sheenjit nizịį. Aii shitsụụ Soozun ch'itsyah gaa sheenjit ahtsii, nillii gaih vaa chan ch'aghwaa ghwai' kwaii haa. Aii datthak sheenjit ìizụụ. Jùk jì' duuyee sheenjit ìizụụ.

Aii van vẹ̀ẹ tr'igwich'ịị gwiizhik Vashrậịį K'ọọ gwats'an naazhrìi nạịį oodàk dineenìnèedàl. Dậhthee tan łyâa iihèezụụ gwats'à' łậạ ookyậạ neegiidàl. Dinjii hàashandàii kwaa ts'à' goots'à' gihihkhyàa gàa gootr'ŏaalnyaa. Geedan chan jyàa diginch'yaa dọhłịį. Gwiizhik chan k'eejìt ihłịį dậị' oozhii ihłịį eenjit ìhsịį kwaa. Geetàk hee shats'à' giginkhii jì' gavoiihnyaa shoahthaa nạịį.

Soozun Peter's husband, who was named Peter John, had died of a heart attack while on a trip to Fort Yukon. While they were burying him, we arrived, as I (mean to) say. It was from him that she had a little white man's food which she took care of. Every Sunday she would cook with just a little sugar, biscuits and rice. I could hardly wait for every Sunday to arrive!

They had stayed barely two weeks at Arctic Village when they said, "Let's go to the the lake up there they call *Van Vats' an Hahdlaii.*" This was just the Peter family. They said this because there were a lot of caribou around there. It was only three or four miles from Arctic Village.

At Fort Yukon I was used to eating all kinds of food, but suddenly I was eating only meat, and for two months I was really sick. My mother-in-law[3] Soozun gave me all kinds of caribou meat that she cooked in different ways; even so it was bad for me. At Fort Yukon we sometimes ate caribou meat, but there was plenty of other food with it so it seemed I didn't taste it. But that alone tasted too strong for me. After I got used to it, it was good for me. My mother-in-law Soozun even made *ch'itsyah*[4] for me, even ground-up dried meat with small balls of marrow and bone fat in it. All of that was bad for me. If I ate it now, it wouldn't be bad for me.

While we were living by that lakeshore, hunters from Arctic Village came up to visit us from time to time. They continued to visit until the ice conditions got really bad. I didn't know these people, and I wanted to speak to them but I was apprehensive. They probably felt the same way, but then when I was young I was terribly bashful. Sometimes I wished the ones who were my own age would talk to me.

3. The word *shitsyy* means a) grandmother, or b) a woman's mother-in-law. Among the Gwich'in, to be addressed in kinship terms is to show affection and proper consideration. In this text, for the sake of clarity, mother-in-law is used.

4. *Ch'itsyah* is considered a delicacy. It consists of ground cooked meat mixed with marrow and grease into a fine pâté. Sometimes berries are added. It is served cold or frozen.

Zhat tr'igwich'įi gwiizhik łyậ gwahgǫ̀' gwiizhik David Frank Venetie gwats'an dineek'idik. Myra Peter vitì' neeyĕelì' zhree. Vàanòodlit shìh yeenjit k'aazhik aii chan duuyee ch'ihłòk tr'a'àa. Ndàa nihłik hee gwizhrįi ch'iveedzèe nahvir. Zhat tr'igwich'įi t'ee vadzaih gahgậįi t'iginch'yaa.

Izhìk hee aii vadzaih dhàh łyâa ch'igyừ' zhrįi nilįi googàa shrìitr'ìgìlii. Daatlìh tyậh tsal zhìt deedậậ'ài' Myra one year gwizhrįi shits'įi ahaa adan zhrįi ch'adhàh eenjit gwitr'it t'agwah'in. Dinjik dhàh chan ahkhii gwiizhik chan vadzaih dhàh lęįi chan ahkhii. Tły'ah njyaa yeenjit hậįłt'àii kak dineeyaazhik. Aii datthak Soozun jùk tth'aii hee ch'adhàh hee'yàa t'aihnyaa. Aii gwiizhik gwideetit chan traa chan ikyàa oondaa heek'à' zhree. Ookìt Vashrậįi K'ǫǫ gwigwiheech'yàa gàa izhìk gwahgǫ̀' dậį' tthậįi tr'agwaanjìk ginyaa ts'à' t'igii'in t'agavàihnyaa.

"Aii van ndừhts'ậįi tr'igwich'įi izhìk gwats'an chan Vijụụ Chihvyàa K'ìt gagahnyaa chan nineeroondì'," chan ginyaa. "Izhìk łuk chihvyàa hàa keerihee'yàa," ginyaa. Izhìk chan tr'igwich'įi datthak zheh gwadhàh zhìt tr'igwich'įi t'igwii'in t'iihnyaa.

Gwiizhik dzan kee'in nậįi ookyậa Vashrậįi K'ǫǫ gwats'an dineenìneedàl Fourth of July jì' diihàa dôok'įi ginyaa. Izhìk chan ch'ihłan Helen Fredson chan dineek'idik. It'ee zhat shin tr'ooheendal ginkhii Albert Tritt yeegwàhahchyaa eenjit k'eegiidàl łii zhree. Zii tr'ookit vakậį' t'ee Peter Christian ôaazhii zhree. Aiitl'ęę aii vakwaa tl'ęę t'ee George Tritt neeyòonjik. George aii vitì' dloo didlii ts'à' "Tr'injàa vigii six gwànlįi jì' gàa veerậhkhaa jì' heezyàa," yàhnyaa ch'yậa chan gwik'it t'iizhìk.

While we were living there and the snow was melting quickly, David Frank came to us from Venetie. He is Myra Peter's stepfather, you see. He brought white man's food for her, and that too we could not eat at one time. Just every now and then she boiled some dried apples.

Where we were living they were drying caribou. Around there they cleaned even caribou skins that were nothing but worm holes. Myra, who was only a year older than I, was the only one who worked on skins, in a small washtub full of skins. While she was tanning a moosehide, she also tanned many caribou hides. She hung them on a long line that was strung up for them. I mean to say, considering all of that, if Soozun were alive today she'd still have skins! And meanwhile, in between working on skins, she cut firewood to burn. They could have stayed down at Arctic Village, but they said when the snow melts it's dirty there, so they did as I have said of them.

"On the other side of that lake from where we are staying there is a place called *Chihvyàa K' it;* let's move camp there," they said then. "We'll fish with nets there," they said. When I say we were living there, I mean we were all living in tents.

Meanwhile, muskrat hunters came to us from Arctic Village and asked us to stay with them on the Fourth of July.[5] There, too, Helen Fredson came to us once. Now, that summer she was going to get married, and they came there, it seems, for the preacher Albert Tritt to marry them. Her first husband was called Peter Christian. After he died, George Tritt married her. George's dad joshed with him, "If a woman has six children and will still marry him, it'll be good," he once said to him, and that's just what he did.

---

5. This is the second reference to visiting. Soozun was an excellent storyteller and much in demand among the small number of inter-related *Neets' àįį* Gwich'in.

Fourth of July gwats'à' t'ee Vashrạ̀įi K'ǫǫ k'ineeriidàl. Akhài' Jim Christian digizheh k'aa hàa Sarah Simon dizheh k'aa hàa oodįi k'eegiidàl łii. It'ee Helen Fredson tr'ooheendal eenjit. Aii Sarah Simon aii khaii hee Ddhah Ghoo T'ee gagahnyaa izhìk khaii hee gwigwich'įi. Izhìk gwats'an k'eegiidàl.

Izhìk t'ee James Gilbert tr'ookìt digii Trimble eenjit vagwànlįi drin shandàa vikeech'iłch'yàa. Neenàhòdlàt choo hee giłtsạįi łyâa gwinzịi ganaldàii. Aii gwat'san neegwiidhat gwiteegwą̀ạhch'yaa giyeenjit jyàa dii'in. Digigii eenjit neeshreegil'in ch'yạạ t'agavàihnyaa.

It'ee Fourth of July tigwindhat ts'à' niłèegwarạhchịi ts'à' gwintl'òo chan vikeegahch'yàa ts'à' chan ch'agaadzaa. Khàa gwiteegwą̀ạhch'yaa ch'agaadzaa vành five o'clock at'oohjù' hee gigiindak. Gwiizhik shizheh dhiidii. Gohch'it zhree fourth time ch'agaadzaa izhìk zhree ootthàn hŏiizhii. Gwintl'òo shrôonch'yaa t'igwii'in łii. Zhyạ̀ạ khik oondaa chanchyàh kak nihthat gwizhrịi t'ihch'yaa. Izhìk t'ee ch'adzah jitterbug oaazhii chan veech'oạạłtan ch'yạ̀ạ.

Izhìk dạ̀į' ik teegwinjyàa Gwichyaa Zheh ts'à' shi'ìk oozhee shakwài' ts'à' gạ̀hnjyaa. Kwaiitryah chan zhanraa'yùu. Tth'aii hee shrôonch'yaa gwiizhik chan "Ddhah tee rahoojyàa," chan ginyaa. Shitsụụ Soozun aii "Dziindèe teetł'an diniizhrị̀' it'ee divii naak'ìi t'ôonch'yaa," nyaa.

Dinjii datthak tth'aii hee gwinzịi hàa gàa giihkhii kwaa gwiizhik t'iginyaa. Aii chan nan kak tr'iheedàa zhree łạįi ghwàa hàa chan k'eegwarahaazhik zhree. Gwats'à' hee Myra dinjik dhàh diitįi ạhkhii aii chụụ kwaiitryah Soozun yàhnyaa ginghan. Ch'adhàh kwaiitryah vidì' canvas noo'ee vitł'yàa gwànlįi. Aii chan

On the Fourth of July we came back to Arctic Village. And the families of Jim Christian and Sarah Simon had come up too, as it were (from *Zheh Gwatsal*). It was for Helen Fredson's marriage. That winter Sarah Simon's family lived at a place they call *Ddhah Ghoo T'ee*. They had arrived from there.

At that time James Gilbert prepared a feast in my presence for the birthday of his first child Trimble. They made a lot of Indian ice cream. I remember it really well. From that time on, every year they did that for him. They used to act poorly for the sake of their child, I say about them.[6]

Now it was the Fourth of July and they married the couple, and they cooked a lot of food, and they danced too. Every evening they danced and they finally quit at five o'clock in the morning. Meanwhile, I sat at home. Finally the fourth time they were dancing, I just went down there. As it turned out, they were enjoying themselves wholeheartedly. (I was dancing so much) I was all the time just standing there on the floor. It was then and there that I taught them to do the dance called the "jitterbug."

At that time the dresses were long at Fort Yukon, and my dress reached down to my feet. We wore moccasins, too. While the fun was still going on, they said, "Let's go to the mountains." My mother-in-law Soozun said, "The bearberries are half ripe; now the sheep are getting fat."

When they said that, I still hadn't really spoken with all the people. We were going to travel overland and carry our things on pack dogs.[7] For this purpose, Myra had tanned a thick moosehide and they made what Soozun called "water moccasins." The skin moccasins had canvas all around the top, and a long string. At this I

---

6. The couple did this at great cost to themselves in time and labor.

7. She had no idea how things were going to be transported until they went. Keep in mind that all these experiences were new to a bride who had spent the better part of her life in one community.

t'ịihthan "Jidìi shoe pack rubber zhìt goo'yùu jaghaii," yiihthan. Aii kwaiitryah chụụ zhìt gàa giyàaneehiidàl.

It'ee zhree yeenìn East Fork gwinjik gwideetàa zhree tr'ih tsal hàa neegwigwìinlii. Soozun łą̀ą lạii sixteen di'ịi diikhwant'ee chan łạii ch'ihłoonlì'. It'ee zhree łąii t'ànch'igiłtł'ịi ts'à' ndak ts'à' tr'iriinjil. Tr'iinin six months old chan ihkhwaa ts'à' zhree. Aii chan tl'ôot'aii hàa ihkhwaa t'aihnyaa kwaa. Zhik gwa'àn tr'iinin k'ił łeedanoołkhan hàa ihkhwaa.

Gẹhndee ddhah Nonòhok'ịi oaazhii izhìk dik'ii tsal t'ee tr'ą̀ąhaa. Izhìk gwats'an Nonòhok'ịi t'ìh dàk hee ts'à' oondee daknàa'ại' hee han oozhàk tr'agwą̀ąh'in. Aii t'ee Juunjik han gwinjik.

Aii deegwą̀ąhch'yaa nirinjik datthak tr'injàa nạii zhrịi zheh gwadhàh gwanatthak ts'à' chan tr'ihinjik dạ̀i' chan nineerahchaa zhree. Dinjii nạii aii oondàa diits'ị̀i vành dạ̀i' hee nagahaazhrii eenjit gahah'òo. Aii t'ee Steven, David Peter hàa. Soozun Peter aii goohan. Shịi chants'à' Myra Peter jii nạii zhrịi t'ii'in t'iihnyaa. Aii chan łąii t'eech'ałtl'uu gàashandàii kwaa ts'à' shilìk nạii googhwàa ną̀ąhk'yàa gwizhrịi t'ôonch'yaa. Geetàk chan khagiizhral. Diits'àt, diishìh tsal geeghwaa aii kak chan gasoline can ch'iitsii chan gookak gaatł'ii. Zheh gwadhàh dachan chan geelil. Aii oondee Tsèe Geechàn Rìntinjik Soozun gàhnyaa izhìk divii ch'injik gòo'ạii izhìk gwits'ị̀i łą̀ą nirindii. Soozun nìnjìk dạ̀i' łyâa yîichyą' gwizhrịi ninjik.

Aii ch'injik nirîindii jihnyaa gwats'à' gwàndàk gwichyàh kak tr'eedàa gwiizhik, yèenàa diidat David needyaa. Akhài' divii ginghan divii tthài' lii hàa diits'ee hòozhii t'ii'in łii. Aii gwichyàh kak tr'igwîiłk'in izhìk t'ee divii tsìk

thought, "Why don't they wear rubber shoepacks?" They even walked around in water in moccasins.

Then they took the supplies across the East Fork with a canoe. Soozun had all of sixteen dogs, and, as for us, we had five dogs. Then they tied the packs on the dogs and we went up country. And I was packing a six-month-old child, you see. I don't mean that I was packing her with a baby-carrying strap.[8] I tied some diapers around the child and packed her in that way.

Up yonder at the mountain called *Nonohok'ii* we camped beneath a little bare hill. From there we went up behind *Nonohok'ii* and approached the place where we saw the river below us from the top of the mountain. Now that river is the *Juunjik.*

During all the times we moved (from campsite to campsite) only the women set up the tent, and when we broke camp again, only the women took it down. The men went out ahead of us early in the morning to hunt. These were Steven and David Peter. Soozun Peter was their mother. Only Myra Peter and myself made and broke camp. I didn't know how to put packs on dogs, and my dogs' packs were all lopsided. Sometimes they hollered in pain. They packed our blankets and our small supply of food, and they tied a gasoline-can stove on them too. They also dragged the tent poles. Up there at a place called *Tsee Geechan Rintinjik* across from a sheep trail we set up our camp. When Soozun set up a camp, she would place it where she could see a wide area.

While we were walking across an open area near the sheep trail where we had set up camp, David came toward us. As it turned out, they had killed some sheep and he came to us with some fresh sheep meat. There on the open area we

---

8. Fancy baby straps were the style of the *Gwichyaa* Gwich'in women.

giłch'yaa. Giitsin chan gwiłvir, gwintl'òo gwâakạ̀į ch'yạạ t'iihnyaa. Łyâa tr'ookìt divii ih'àa zhree.

Izhìk divii eenjit nagaazhrìi shriit'ạhkhyùk tr'igwinch'ị̀'. Izhìk zhree divii oo'ęę neegâazhik dạ̀į' zhree vatòo kak dazhoo khik dha'ạ̀į. "Jii jàghàii chan zhat khik giyìł'ạ̀į," yiihthan ts'à' oo'àn hâałthak. Shitsụụ aii gohch'it drin zhìt shàa dhidìi ts'à' shàa gwâandak. Gwintl'òo shaaghan gwandak eenjit duulèe nilị̀į t'aihnyaa. Gohch'it zhree t'ashahnyaa, "Shitseii, zhik ch'atòo vakak dazhoo ch'yạạ daajìi?" shàhnyaa. Ihdlàa ts'à' zhree, "Jaghaii zhat dha'ạ̀į t'inch'yàa oiihnyaa ts'à' oo'àn hałjyàa," vàihnyaa. "Jeiinch'yaa ts'à' oondàa tr'ikhyaa ts'à' tr'avir łyâa nizị̀į t'inch'yaa," shàhnyaa. "Chan divii oo'ęę neeginlee jì' nandàa jyàa dihihłyàa," shàhnyaa.

Gwichyaa Zheh dink'ìhkhit David Wallis zhree "divii ts'ahałkhòo" shandàa nyaa. Aii zhree Soozun oaałkat akhài' divii troh k'eh t'aràhnyaa shàhnyaa. Ch'ik'èh ghoo nilị̀į ch'itlèe gwìch'in.

Izhìk tr'igwinch'ị̀' gwats'an t'ee ànts'à' gwataa tr'ahăajìl aii t'ee Gwazhal giyàhnyaa taa. Izhìk yaaghà' gwà'àn tr'ihęęhàa nàgwàanạ̀į. Łyạạ dachàn kwaa nats'àa vik'èech'arahăach'yàa lì' yiihthan. Akhài' shitsụụ "Aii kii dril kwaii oinjii," shàhnyaa. "Aii kii four ts'à' dak giyihadặạdlìi ts'à' zhat gwà'àn chan k'il jyah tsal gwànlị̀į aii nahtsii," shàhnyaa. Gwik'ìt t'ìshizhìk akhài' aii kii deetàk dìlk'ìn. Kii datthak vàa inghyaa ts'à' tyạh khàn dîildlàt. Gwiizhik zheh gwadhàh gwinìgìkii kii giitl'yàa àngiłchàa ts'à' chan zhree gwìnìgiyintthàii. Gwiizhik t'ee yeedị̀į gwahchyaa ts'à' khàn t'igii'in.

Aiitł'ęę nìhkàa gwizhrị̀į gòo'ạ̀į gwizụ̀' hee chan heekiàraazhii. Ootthàn neegwaal'ìn Vashrạ̀į K'ǫǫ gwats'à' zhyạ̀ạ ddhah kwaii ch'ạhtł'oo gwizhrị̀į. Gwintsal chan tr'igwihdìi gàa ł̀ạạ jyaa dihch'yaa jihnyaa kwaa. Zhat gwats'an chan neerahòojìl gwiizhik vành dạ̀į' hee Steven, David hàa gaha'òo. Tł'ęę hee diikhwan tr'ahadàl.

made a fire and they roasted sheep ribs. They also boiled its intestines. I say, it was a very tasty treat. That was the very first time I ever ate sheep.

We lived there for quite a while, while they hunted sheep. When they brought sheep back to camp, the hide was always left on the brisket. "Why do they always do this here?" I thought, and threw it away. Finally one Sunday my mother-in-law sat with me and told me stories. She was certainly an old woman rich in stories, I say of her. Finally she said to me, "My grandchild, where is that fur that was on the brisket?" With a smile I told her, "I thought, 'why is it left on there?' and I threw it away." "It's like this: We singe it on the fire and we boil it and it's very good," she told me. "If they bring a sheep to camp again, I'll do this in your presence."

When I was growing up in Fort Yukon, David Wallis said "sheep round fat" in my presence. I asked Soozun about this and she told me it meant the fat on the back of the sheep neck. It is a round piece of fat that looks like kneecap fat.

From the place where we were living we traveled over what they call *Gwazhal*. While in the mountains, it became time for us to set up camp. Indeed, there was no wood at all, and I wondered how we were going to cook. And then my mother-in-law said to me, "Get those thin flat rocks. Pile up four of them and you will find dwarf willows, gather those." I did so, and then she lit a fire in between the rocks. The rocks heated up and the pail quickly came to a boil. Meanwhile they set up the tent by tying its ropes to rocks, and that is how they got it up. While they were setting up the tent a rain shower was approaching, so they did it quickly.

The next day was a fine clear day and we woke up early. I looked back down our trail in the direction of Arctic Village, and there was nothing but blue mountains. I was a little bit sad, but I didn't say how I felt. We left there quickly and as usual Steven and David left early in the morning. We set out after them.

Aii k'iitthàn gwìnjìk datthak łąą kii zhìt gwizhrįį gòo'aįį. Datthak kwaiitryah zhìt raa'yùu. Gwintl'òo shakwài' ts'iidhak kwaiitryah ehdan ihshyaa k'it t'oonch'yaa. Shitsųų gwintl'òo chałdak ch'yąą t'iihnyaa. Gohch'it k'iitthàn ninghìt hee khagwìidįį hee kǫ' tsal tr'ąąh'ìn. Gwiizhik it'ee tǫǫ nagwăak'it. Izhìk nihts'įį ddhah choo deetak tr'êedàa hee yeedee divii neehidik tr'agwąąh'ìn.

Aii datthak Bessie seven months old neehihkhok t'iihnyaa. Aii three months k'eedhiighwąįį oondàk ddhah tee. Gohch'it ookit gogwîiłk'à' k'eeriidàl. Tł'ęę nihkàa t'ee Kiinì'rintìn ts'à' Vadhoo'oo deetak nìrindii izhìk gwats'à' geedàa t'igii'ìn. Aii Kiinì'rintìn vàihnyaa aii kak divii ch'injik gòo'aįį, izhìk divii keegihee'yàa t'igii'ìn. Zhat łąą shreenan ànts'à' teetł'an tr'igwinch'į'.

Divii teech'agăahk'èe aii Myra hàa oodàk łąįį hàa tr'oondak. Ddhah choo kak khàneeraagak. Łyąą tr'iłts'ìk kwaa t'iihnyaa. Łąįį sixteen gii'įį gavàihnyaa dinjii k'ìt t'iginch'yàa. Gòot'inèech'ahtl'ùk ts'à' "Akoh nakhwatsųų vits'eehoo'oo," gavahnyaa chan Soozun chan nilįį googhwàa kak oondak ts'a' chan "Oodàk neehoo'òo," gavàhnyaa datthak gwik'ìt t'igii'ìn.

All along the way it was nothing but rocks. We all wore moccasins. It hurt my feet very much, as if I were not even wearing moccasins. I used to exasperate my mother-in-law, I say. Finally, way off down the gorge we saw a small fire. Meanwhile, it was getting dark. As we walked there between the great opposing mountains, we looked across and saw sheep walking up there.

And all this time, as I said, I was packing around seven-month-old Bessie. For three months I packed her up there among the mountains. Finally we arrived down where they had a fire going. The next day they set off for *Kiini'rintin*, camping on the way at *Vadhoo'oo*. At this place *Kiini'rintin* there was a sheep trail, and they were going there to hunt sheep. We lived there a whole month and a half.

Whenever they shot sheep Myra and I would go up the mountain with the dogs to get the meat. We climbed huge mountains in no time at all. I mean to say, we felt no pain! The sixteen dogs they had that I mentioned were just like people. After she tied on their dog packs she would say to them, "Now you go back to your grandmother," and they would do it.[9] And then again after Soozun took the meat from their packs, she would tell them, "Go back up the hill," and they all did that too.

---

9. The dogs' owners are usually referred to as their grandparents.

CHAPTER 2

Kiinì'rintìn

Kiinì'rintìn oozhee deechan hee tr'igwich'ị̀ị izhìk hee divii nilị̀ị gahgàịi. Myra shịị hàa ch'eeneerii'òo gwiizhik Soozun aii nilịị tr'aht'ìi. Aiitł'ę̀ę oo'ę̀ę neerii'òo ts'à' chan aii nilị̀ị tr'eeyaht'ìi chan oodàk dèerilii.

Dachàn kwaa zhat k'àii tsik njìk gòo'ąịi izhìk k'àii shrìit'ąhtsìi hàa ch'agąihk'ìt gwàrahtsìk. Zhat chan k'ǫǫ gwatsal gwànlị̀ị. Aii k'àii ghwàt nilị̀ị gàa vachàn teegwinkìi. Aii tee k'il chan traa tr'aa'ịi.

Sungàịi, łùh, rice, dry apple jii kwậị ten pounds nilị̀ị aii neegahâazhìk. Aii gwideetik nilị̀ị zhrịị tr'a'aa. Tthaa chan gwànlị̀ị googàa chan vànkeerii'in kwaa. Nilị̀ị zhrịị gàa vigwitr'ìt gwànlị̀ị. Soozun dùuyèe ch'akwài' gàa oo'àn haahkhìi. Yadhàh googàa akhòonyaa kwàa. Aii datthak nan chyàh kak gitèeyilii ts'à' yahgàịi.

Zhat tr'igwich'ị̀ị gwiizhik zhree ch'ihłan khàa zhree gwizhrịị gòo'ąịi gwiizhik tr'ĭiłchụų ch'yậą. Vành zhree tr'iidhat oondàa gwàal'ìn akhài' zhree ąhshùu łìi. Zhyậą zhàk ts'à' ts'at t'ee neeshizhìi ts'à' tr'igwihdìi gwintsal chan ihtree. Łyâa ninghìt Gwichyaa Zheh gòo'ąịi hee shiyèhghàn nậị gwich'ị̀ị. Vashrậị K'ǫǫ chan gwats'à' ninghìt. Łyâa tr'iheetree gwizhrịị ts'à' zhree ihtree t'ìihnyaa

CHAPTER 2

Kiini'rintin

We lived at the base of *Kiini'rintin* and dried sheep meat there. Myra and I went to get the meat while Soozun cut the meat. After we came back, we would hang the meat she had cut in our absence.

There was no wood there, but there were thin willows, and with the larger ones we made a drying rack. There was also a small creek there. The branches were short but the stems were thick.[1] We also used the dry willow sticks for firewood.

They brought with them ten pounds of sugar, flour, rice, and dry apples. Other than that, we ate nothing but meat. There were a lot of ground squirrels, but we didn't hunt them. The preparation of sheep meat was more than enough work in itself. Soozun wouldn't even throw away the feet. She didn't even throw away the skins. She spread them all on the flat ground and dried them.

While we were living there, it was clear one evening when we went to bed. But in the morning when we woke up, I looked out and saw that it had snowed. I just went back under my blanket, and I was sad, and I cried a little. Fort Yukon was a long way off, where my parents (and comfort) were. Even Arctic Village was a long way off. Sometimes all one can do is cry, and maybe that's why I cried, I guess.

---

1. Dwarf alder.

dǫhłįį. Akhài' zhree Steven shàandàii gàa t'inch'yaa łii. Aiitl'ee hee Vashrąįį K'ǫǫ gwà'àn hee "Katherine intrìi dąį'," shàgàhnyaa.

Ch'ihłan zhree drin diigwitr'ìt dàanarąąjìk tł'ęę zhree Myra zhree t'inyàa jii k'ǫǫ gwìnjìk chajàl roh'è' shàhnyaa. Shriijaa jàł tsal tr'oonjik ts'à' zhree yeedì' gwìnjìk tr'ahàa'òo. Yeedìt ninghìt kwaa zhree teejàł dha'ąįį łii. Izhìk zhree jàł oondàa tr'ihîiłnąįį. Gwintsal łuk jàł eet'indhan t'arah'in łii. Zhyąą łuk kharahjyàa gǫhch'it ǫhtsùu zhìt shrìit'ąąhch'yàa tr'iłtsąįį tr'ihee'àa ąąhch'yàa zhrįį. Aii łuk voozhrì' tsiivii ðaazhìi. Oo'ęę neeree'òo ts'à' t'ee Soozun ǫhtsùu vats'à' rihîiłnąįį. Yiłvìr gwintł'òo gwâakąįį.

As it turned out, Steven knew about my tears, for sometime later, after we returned to Arctic Village, they told me about the time "when Katherine cried."

One day after we finished our work, Myra said to me, "Let's go fishing (with a hook) along this creek." We took small grayling hooks and we went down along the creek. Not far down there was a pool. There we threw out our hooks. As it were, it was not a little bit that the fish liked the hooks (but a great deal). We just pulled the fish out quickly, and finally we had in our bag as many as we would eat. The name of the fish is *tsiivii*.[2] We came back to camp and then we tossed the bag to Soozun. She boiled it; it was really tasty.

---

2. *Tsiivii* is a small orange-colored fish with black dots.

CHAPTER 3

Vashràįį K'ǫǫ Gwìts'èerahòojìl

It'ee divii nilįį datthak gwinzįį dhagàįį. Tth'an ghwài' gàa iłtsàįį aii khwaii yahtsii dàį' ch'itrìh zhìt yahtsii. Aii divii t'į' łàą lagòhshròo k'èh k'ìt aghwàįį. Divii tthàį' dhagàįį gòǫ nizįį. "It'ee neeriheedàa," ginyaa ts'à' dinjii nąįį divee nìgwigwìhilzhii. Aii łąįį sixteen nąįį datthak t'ànch'igiłtł'įį diikhwan diilìk aii akwaa. Ch'ihłan drin gweedìi nìgwigwìnlii. Aii łąįį nąįį "Akò' nakhwatsùų vits'ee hoo'òo," googàhnyaa. Aii łąįį ch'ihłak łąįį ghwàa aghwàa aii goots'įį nêedyàa.

Aiitl'ęę nìhkàa August 31, 1936 drin diikhwan Soozun, Myra, shįį hàa goots'à' tr'ahadàl. Izhìk t'ee k'ìi'ęę gwàtaa gwats'à' neerêedàa gwiizhik vadzaih yeenjùk diihàa naa'al. Tth'aii vijì' kak vadhàh ts'à' t'ii'in. Vêetsùįheiinłąįį gagàhnyaa k'ìi'èe gwàtaa neeriijìl.

Aii nìhkàa September 1, 1936 hakirilzhìi łąįį gwintsal yìkìi akhài' vadzaih dijì' dhàh geełèe haadlìi yeedìt k'iidì' a'àl t'iginyaa łìi, googàa dùuyèe tr'ŏaahk'èe. Diinandaa t'agwąąhch'yàa. Aii divii dhàh chan datthak łąįį kak ganâatł'įį łąįį ch'eeghwaa nąįį oodee gwàkak hee. Aii Vêetsùįheiinłąįį gwintł'òo gwiidlan kwaa gwichyaa hee gwizų' hee gwàtaa gwêedįį. Yeenjìt t'ee Nitsii Ddhàa dha'ąįį. Vit'ii ts'ąįį tr'ąąh'in.

CHAPTER 3

We Go Back to Arctic Village

Now all the sheep meat was dried well. She even made bone grease and when she did make bone grease she collected it in the rumens.[1] The back fat of the sheep was greasy just like bacon fat. The sheep meat was dried in no time. "Now we will leave," they said and the men took the gear on ahead. They put packs on all those sixteen dogs, but not on our dogs. They took everything down and packed in one day. They told those dogs, "Now you go to your grandma." One of the dogs (who was the leader) went ahead carrying his pack.[2]

The next day, August 31, 1936, we—Soozun, Myra, and I—went off toward them. It was at that time, that as we were approaching the pass, caribou were also going over the pass with us at a slight distance. They still had the velvet on their antlers. We came south over the mountain pass they call *Veetsįįheiinląįį*.

The next day, September 1, 1936, we woke up when the dogs barked a little, and down a ways from us the caribou were going, rubbing the skin off their antlers, it seemed, but even so we could not shoot them. We had enough to carry as it was. The dog packs were filled (with meat and gear) and the sheep skins were strapped on top of that! The pass of *Veetsįįheiinląįį*, is not very steep; the path over the pass is wide and flat. Across the pass is Big Mountain. We saw it from its back side.

---

1. The stomach of the sheep.

2. The men took the dogs down first and then sent them back with empty packs to the women.

Izhìk gwats'an t'ee Juunjik tr'ih neerahahtsyàa ginyaa gwats'à' ts'ạ̈ịị
neerohǒojìl. Tạih choo taa rahaajìl izhìk tr'ậạhàa gwintł'òo chishandàk. Tr'iinin
ihkhwaa zhat oihdì' gàa yiihthan. Aii Juunjik tạih choo vàihnyaa gwàts'an
Vashrạ̈ịị K'ọọ ddhah tr'aah'ìn gwintł'òo shòo ihłịị.

Izhìk gwats'an chan Nàhtryàh K'ọọ gwits'ịị nìrindìi izhìk t'ee "ch'adhàh
tr'ihchoo tr'ahahtsyàa." ginyaa. Shitsụụ Soozun vadzaih choo dhàh łandậạhkạ̀ị'.
"It'ee lee safe nilịị t'agah'in lì'," oiihnyàa. Tth'aii ch'adhàh tr'ihchoo zhìt dhiidii
kwaa ts'à' zhree. Gwiizhik David, Steven haà tr'ih dachàn gahtsii. Drin nèekwạ̈ịị
gogwahkhyùk giyìłtsạ̈ịị.

Nìhkàa vành dạ̀ị' hee jidìi nèerèelyàa datthak vizhèerinlii ts'à' t'ee
nihts'èerinjìl. Łạ̈ịị aii ndak a'al. Akhài' chan gwintł'òo gwindìi gwiizhik chan
nihkhàn'òo teeghaii tr'ih hiilnạ̈ịị gwiizhik nigiił'in. Steven dink'ee hàa dèehiltlee
ts'à' khehłee yîìłk'ee. Nehshrit łậạ tr'ihchoo stop tr'iłtsạ̈ịị nidìi ts'à' gwìnt'àii
dâadhàl. It'ee chan zhat chan zheh gwadhàh gwanànrâatthaii.

Myra dinjik dhàh khanìłtrìt ts'à' Soozun łàdayậạhkạ̀ị'. Gwiizhik t'ee
Steven, David hàa tr'ih dachàn gahtsii. It'ee tọ̀ọ hee łuu tsal tèeghàii neehiighàl
ts'à' khagilchị̀'. It'ee izhìk gwats'an t'ee tr'ih choo nèekwạ̈ịị łàhòchaa neegahłàa.
East Fork gwik'èeriijìl gwintł'òo khyụ' tr'ih choo neelaa, chụụ nint'aii kwaa.

Gohch'it Vashrạ̈ịị K'ọọ k'ineeriidàl. Aii nilịị gạih nèerèelyàa dehtsii zhìt

From there at the *Juunjik*, "We will make a boat," they said, and we went to that side of it. We went over a big hill and there we camped for the night; I was very tired. As I was packing a child, I even wanted to stay there (I was so tired). From that big hill along the *Juunjik* we could see the Arctic Village mountain[2] and I was very glad of it.

From there, we set up camp across *Nàhtryàh* Creek, and they said, "We will make a skin boat." My mother-in-law Soozun sewed big caribou skins together. "I wonder if what they are doing is safe," I thought. I had not sat in a skin boat yet, you see. Meanwhile, David and Steven were making a boat frame. It took them two days to make it.

Early the next morning, we loaded up everything we were carrying along and then we set off. The dogs walked along the high steep banks above us. And then, when the boat was heavily laden, it went by two moose mating on the shore. Steven jumped ashore with his gun and shot them both. We barely managed to stop the boat, it was so heavy and was drifting so fast. There again we set up our tents.

Myra cut the hair off the moose skins and Soozun sewed them up. Meanwhile, Steven and David made a boat frame. Now there was a little ice at the shore at night, and they were in a hurry. Now from there the two boats floated tied together. We went into the East Fork and the boat would barely float; the current was not strong.[3]

Finally we arrived back at Arctic Village. We put the dried meat in the

---

2. *Thaii' Nitsii*

3. The water recedes in the fall and may have been swift and shallow at the confluence of the *Junjik* and East Fork, but it slows down considerably thereafter.

rinłìi ts'à' chan t'ee yeedee van choo "Old John Lake" vàanòodlit nąįį yàhnyaa chants'à' tr'ahàajìl. "Zhat łuk keerihee'yàa," ginyaa t'igii'in. Aii van vizhìt neeręhjik, łuk daagąįį kwaii hàa gwànłįį.

Aii Vashrąįį K'ǫǫ dinjii kwaa nihk'yàa t'eedagaa'ìn gwats'à' gihiljii łìi. Izhìk dąį' Vashrąįį K'ǫǫ gehdee gwàk'an. Zhat dinjii t'igwii'in łìi. Harry Frank dagahan Lucy hàa t'igii'in łìi. Lucy łyą̀ą shaaghan nilįį ts'à' veegògwantrii ninghìt yàa nìhidik kwàa.

Oodee Dachanlee, van choo ts'à' khàraajìl izhìk tr'ą̀ąhaa. Aiitł'ęę t'ee oozhee chihvyàa k'ìt k'eeriidàl łyâa gwîink'oo.

Izhìk tr'igwich'įį gwiizhik t'ee Myra ch'adhàh kwaii ahkhii dinjik dhàh, vadzaih dhàh kwaii hàa. Izhìk ch'ihłan zhree shitsųų shats'à' nihděiinzhii. "Deehinch'yàa eenjit ch'adhàh eenjit gwitr'ìt t'agǫh'yà' dêiinch'yàa," shàhnyaa. Zhat dąį' ch'adhàh tr'oozhrii gàa shat'àii kwaa zhree t'inyàa. Aii dinjik dhàh ch'ihłak nihdànąhtsùu shàhnyaa. Shat'àii kwaa gàa "Nits'ìhihjyàa," shàhnyaa. Deehał'yàa gàa vàashandàii kwaa t'àhnyaa. Googàa t'ee nihdànaałtsùu. Zheh gwadhàh zhìt t'oonch'yàa akwàt gwîink'oo ts'à' ch'iitsii dha'ąįį ts'ąįį gwizhrįį ninghùk gwahaadhàt tł'ęę naaghwan. Izhìk t'ee ch'adhàh adałtrìi t'oonch'yàa. Young ihłįį akwat tr'igwįhjìk ts'à' tr'injaa dinkỳ'ahshąhthat aii vinjỳaał'ee ts'à' ihtree. Aii chan ihtree ts'à' shàagwîindàii kwaa t'agwàihnyaa.

Izhìk łuk keeree'yą̀' tł'ęę nìn ts'à' van ndùhts'ąįį Peter John vizheh gòo'ąįį chan gwats'à' tr'ahàajìl. Izhìk tr'igwìch'įį gwiizhik chan shaghoii Joseph Peter

cache, and then we went on up to the big lake that the white men call Old John Lake.[4] "We will fish there," they said. There are many lake trout and whitefish in that lake.

There were no people in Arctic Village; it appeared they were all off subsistence hunting. It was at that time that there was smoke from a fire above Arctic Village. It seemed there was a man there. It turned out to be Harry Frank and his mother Lucy. Since Lucy was a very old lady and frail in health, he couldn't walk great distances with her.

We spent the night on *Dachanlee* on our way to the big lake. After that we got down to the fish netting site, and it was really cold.

While we lived there, Myra tanned moose and caribou skins. It was then that my mother-in-law had occasion to come into my dwelling. "What's the matter with you? And how will you be if you do work on skins?" (which is what you ought to be doing) she said to me. At that time, if anyone even said "skins" to me it made me feel weak. She told me to bring in one of the moose skins. "I'm not very strong, but I'll help you," she said. She was referring to something that I had no idea what to do with. Even so I brought it in. As we were living in a tent, it was cold, and after a while just the side facing the stove thawed. It was there that I cried over that skin. I was young and awkward, and I thought about the woman who raised me, and so I cried.[5] I don't know just why I did.

After we finished fishing, we went across to the other side of the lake where Peter John's house is. While we were living there, my brother-in-law Joseph Peter

---

4. In former times the lake was called 'one lake on top of another' because certain sections of it are very deep and others shallow. This seems to create a natural current.

5. Katherine Loola was a very accomplished woman. She did many things including tan skins. In her capacity as a serving child, Katherine Peter's responsibilities were to care for her children and to run errands. These duties required tactfulness and discretion and often placed her in difficult situations. Tanning skins was not required of her.

chan Tth'aa Nèekàii gwats'an dineek'idik. Aii van choo gehdì' gòo'ặii. Zhat chan zheh gwìltsặii łii. Vigii tsyaa tsal tik nặii gwànlii. Va'at chan Tabitha ŏaazhii. "Zhat łyặặ nìn keerii'in gwinzii," nyaa ts'à' "Shàa oodì' neekhwajyàa," nyaa. It'ee chan izhìk k'iidì' tr'ahaajìl. Vyàh hàa gàa vadzaih teech'agalok.

Soozun, David, Myra nặii hàa zheh gwadhàh zhìt gwìgwich'ii. Diikhwant'ee zheh gwadhàh gwànàrặh'ee. Khaii gwiizhik shreenan nèekwặii gogwặhkhyùk zheh gwadhàh zhit tr'igwinch'ì'. Izhìk dặi' ginkhii Albert Tritt, Esias James aii zheh k'aa, Isaac Tritt nặii hàa Khiinjik gwìgwich'ii łii. Izhìk khyặh neegaa'ìn hee gòogặặh'yặ' łii. Łyâa ginkhii va'at Sarah shòo shiłtsặii ch'yặặ t'iihnyaa. Sungặii, łùh gàa chan tr'ihee'àa kwaii shats'à' ninlii łii. "Shuu vàanòodlit shìh k'at t'inch'yaa gwìch'in," shàhnyaa łii ts'à' zhree.

Aiitł'ęę t'ee Gwichyaa Zheh tseedhàh hàa nigijyàa David, Joseph, Steven nặii hàa. Ookyaa neegiijìl ts'à' t'ee Drin Tsal ts'à' gweedhaa ts'à' t'ee Vashrặii K'ǫǫ gwits'èe rahoojyàa," ginyaa. It'ee chan k'ìidii chùuluu kwaa neerihòojìl. Aih hàa tặii tr'agwahtsii ts'à' neereedàa. Vashrặii K'ǫǫ gwats'à' dǫǫ tr'ặặhàa dòhłii.

Zhat k'ineeriidàl akhài' Mary Henry digigii Bella hàa zhrii gògwich'ii łii. Elijah Henry, Isaac Henry, Jonas Henry nặii hàa Gwichyaa Zheh nigijyàa łii. Diikhwan chan vàanòodlit shìh neereelyàa t'igwii'in. It'ee Vashrặii K'ǫǫ k'ineeriidàl ts'à' t'ee gehndàa drin deetak t'ee Drin Tsal ts'à' gwintł'òo gwitr'ìt gwànlii.

Gwiizhik Mary Henry chan dakặi', digii nặii hàa gòolii. Akhai' Drin Tsal gehndàa tr'igwindhàt tł'ęę hee k'ineegiidàl. Gàa Drin Choo zhìt łyâa Elijah Henry potlatch iłsặii gwizhrii. Nich'it tik nặii zhrii tr'inlii ts'à' tsyaa nêekwặii hàa ch'araadzaa. It'ee New Year 1937 nigwindhat.

Izhìk dặi' school gokwàa ts'à' dinjii nijìn veenjit gwinzii gwa'àn neehiidàl. James Gilbert dizheh k'aa hàa, Gilbert Joseph daga'at hàa, Sarah Simon digigii nặii also arrived from *Tth' aa Neekaii*. It's located beyond Old John Lake. And there he even built a house. He had three young sons. His wife was called Tabitha. "It is really good for hunting animals down there," he said. "You guys should go down there with me." So then we traveled down there. They even snared caribou with caribou skin snares.

Soozun, David, and Myra lived in a tent. We too had a tent set up. We lived in the tent for two months of the winter. At that time the preacher Albert Tritt, the Esias James family, and Isaac Tritt were living at *Khiinjik*. They were tending their trapline there, it seems. How well I remember how the preacher's wife Sarah really made me happy at that time. Evidently saying that, "I think my niece misses white man's food," she sent down to me sugar, flour, and other things to eat!

After that, David, Joseph, and Steven set off for Fort Yukon with furs. They came back to us, and then, as Christmas was coming near, they said, "Let's go to Arctic Village." And so we started off, though there was no winter trail. We made a trail with snowshoes as we went. I think we camped four times on the way to Arctic Village.

We came back, but only Mary Henry and her daughter Bella were living there. Elijah, Isaac, and Jonas Henry had gone to Fort Yukon. And we were carrying white man's food with us. We arrived at Arctic Village a week before Christmas, and there was a lot of work to do.

Meanwhile, Mary Henry waited for her husband and sons. However, they came back a week after Christmas. But you better believe Elijah Henry put on a big potlatch on New Year's Day! There were only the three of us young women, and we danced with the two young men. That's how we spent New Year's 1937.

At that time there was no school and the men traveled around wherever the hunting was good. James Gilbert and his family, Gilbert Joseph and his wife, Sarah

hàa, Moses Sam dizheh k'aa hàa, Gabriel Peter da'at hàa jii nąįį Zheh Gwatsal, Ddhah Ghoo hàa gwà'àn t'iginch'yaa.

January 1937 gwats'an nìhk'yàa nèegwàrąą'in kwaa. Zhat Vashrǫ̀įį K'ǫǫ gwizhrįį tr'ìgwich'įį dinjii nąįį zhrįį nìhk'yàa nèehiidàl.

Traa agwàntrii ts'à' gehdee Dehtsii Doo'ąįį gàgàhnyaa aii gehdee git vęę chan niriindii. Aii Peter zheh k'aa tr'inlįį ts'à' zhree. Izhìk chan k'eegwiich'yaa t'igwii'in kwaa zhree. Traa zhrįį t'ee neeroondak dǫhłįį.

Gwiizhik Elijah Henry aii Vashrǫ̀įį K'ǫǫ gwiich'įį łii. It'ee gwìindhàa gwàndàa t'ee chan oodąą nèeriijil.

It'ee May nan gwiizhik t'ee dinjii khehłan ninèedàl Vashrǫ̀įį K'ǫǫ hee datthak łàneegâadàl. Izhìk gwats'an t'ee ndàk ts'à' van tee dzan eenjit gahadàl. Geetàk hee digizheh k'aa hàa. Izhìk dąį' tr'ihchoo kwaa Vashrǫ̀įį K'ǫǫ. Oondàk hàn gwinjik adagògwaagǫ̀' dąį' geetàk khwąh neegahtsìk. Goolat nąįį chan łąįį ghwàa hàa nan kak neegihiidal, tr'ih chan. June teetl'an gwàndàa t'ee dzan keegii'in dàanàgąhdak. It'ee zhree Vashrǫ̀įį K'ǫǫ khehłan neegiidàl shin geenjit. Dąhthee vadzaih gahąą'yàa gwats'à' zhat gwìgwich'įį. Gwiizhik geh'òk van kak hàn gwinjik, k'ǫǫ gwinjik hee chihvyàa chagâadlii. Gwiizhik nìhk'yàa vadzaih vazhak yahahch'yą' hàa keegihi'ik.

Izhìk shreenyàa t'ee ginkhii Albert Tritt, Esias James, Isaac Tritt nąįį hàa Vashrǫ̀įį K'ǫǫ k'ineegiidàl ts'à' łyąą dinjii gwànlįį. Izhìk dąį' Abel, George Tritt hàa tth'aii gwìtèegogwąhjii kwaa. Elijah Henry vigii nąįį Isaac, Jonas hàa chan goo'at kwaa. Zhat shin t'ee David Peter, Edna Christian oonjik. Sam Sam chan zhat chųų vats'an tr'iłtsąįį diigii tr'iłtsąįį.

Izhìk shin 1937 khaiinjii khàa gwìtèegwą̀ąhch'yaa ch'araadzaa. Fourth of

Simon and her children, Moses Sam and his family, and Gabriel Peter and his wife, these people were living around *Zheh Gwatsal* and *Ddhah Ghoo*.

After January 1937 we didn't go off this way or that (into the wilderness). We lived at Arctic Village and only the men went off into the wilderness.

Wood was hard to get, and up yonder, beyond the place they call *Dehtsii Doo' gii*, we camped at the edge of a glacier. I mean only the Peter household. We did very little there except for going off and getting wood from time to time.

Meanwhile, the Elijah Henry family lived at Arctic Village. After it warmed up we went back down there.

Now in the month of May all the people gathered in Arctic Village. From there they went up among the lakes for muskrat. Sometimes the families went too. At that time there were no boats at Arctic Village. If they were upriver during the spring breakup, they sometimes made rafts. Some of them also traveled around on land with pack dogs, and some by canoe. About the middle of June, they were through hunting muskrat. Then they stayed in Arctic Village for the summer. They lived there until they would see the caribou. Meanwhile, on the lakes of the area, along the river, and along the creeks they set fishnets. At the same time they looked in all directions "with something which even made the caribou's breath visible."[6]

That spring the preacher Albert Tritt, Esias James, and Isaac Tritt came back to Arctic Village, and so there were a lot of people. At that time Abel and George Tritt had not chosen wives. Elijah Henry's sons Isaac and Jonas had no wives either. That summer David Peter married Edna Christian. Sam Sam was also baptized there; they made him our Godchild.

That summer of 1937 we danced almost every evening. From the Fourth of

---

6. Field glasses

July gwats'an lidii khàa gwìtèegwᶏᶏhch'yaa gahtsii Isaac (Tritt) va'at Bertha zhree t'ii'in. Oondàk ddhah tèe tr'iheedàa gwats'à' t'ee vizhìt dah dhach'aa. Ch'adhàh tr'ihchoo giyeenjit iłtsᶏįį ts'à' Gwichyaa Zheh gwats'à' nihts'èe giyᶏᶏhchįį. It'ee zhat nìheedhàa łii zhree. Izhìk shin t'ee Fourth of July ch'araadzaa hee kwaiitryah kanraa'yùu gwintł'òo ch'aradzaa ts'à' zhree.

Izhìk shin chan tr'inlᶒįį ts'à' Juunjik neerihiidal. Moses Sam vizheh k'aa, Sarah Simon digigii nᶏįį hàa, Gabriel Peter dizheh k'aa hàa izhìk t'ee Paul gôonjik tsyaa tsal nilįį ts'à' gavàa neehidik. Gilbert Joseph daga'at Maggie hàa chan, Soozun Peter, Joseph Peter, diikhwant'ee chan. "'Njuunjik' gwìk'ìrihêenjyaa" ginyaa dᶏį' shòo ihłįį. Gwichyaa Zheh njuu ginyaa dᶏį' zhree njuu dachan vakak gwànlįį t'agàhnyaa. Aii k'ìt t'ôonch'yàa k'eeriheedàl t'igwinyaa yiihthan ts'à' shòo ihłįį. Izhìk dᶏį' t'ee Sarah Simon vik'ìighài' ch'ilik 168 ik'yăaljìk.

Oondàk tr'eedàa dᶏhthee njuu hᶏᶏl'yàa lì' yiihthan. Gohch'it zhree shitsuu Soozun oaałkàt, akhài' "Dèenyàa yeedìt ddhah nèekwᶏįį nihk'èhdì' dha'ᶏįį t'aràhnyaa," shàhnyaa. Chan hee shizhìt tr'idèegwâahch'ìt gàa zhàk ts'à' hee adaat'èeshich'yaa. Oondee dak khii njuu aii eenìriheedàa ginyaa t'igii'in. Izhìk t'ee nihts'ᶏįį shin ddhah tee gwaał'yà' t'oonch'yàa.

Khaii hee tseedhàh eenjit gògwàntrii oondee Vashrᶏįį K'ǫǫ dinjii gwànlįį kwaa, zheh k'aa tik zhrįį geetàk zhat gwich'įį. Zhat shin łᶏᶏ gwintł'òo divii eenjit diidivee gwinzįį kwaa. Aiitł'ᶒᶒ oonaa neeriijil ts'à' chan Van Choo vᶒᶒ łuk eenjit gwìts'èe rahòojil.

Zhat khaiits'à' nihk'yàa nihłik hee dinjii vadzaih eenjit gwich'įį. Shaghoii David Peter shin gôonjik ts'à' t'ee Zheh Gwatsal hee gwats'à' gwatthan gwich'įį. Tsyaa nᶏįį chan goohàa nèehiidàl.

July on, they made tea almost every evening. It was Isaac Tritt's wife Bertha who did it. When we were going to go up among the mountains, she suffered a hemorrhage. They made a skin boat for her and took her down to Fort Yukon. It seemed only for her to die there. That summer, when we danced for the Fourth of July, we made holes in our moccasins, we danced so much.

That summer many of us traveled to the *Juunjik*. Moses Sam and his family, Sarah Simon and her children, Gabriel Peter and his family. It was at that time that they adopted Paul as a small boy and he was with them. Gilbert Joseph and his wife Maggie, Susan Peter, Joseph Peter, and my husband and I also went. When they said we would travel *njuunjik* way, I was happy. In Fort Yukon when they say *"njuu"* they mean an island with a stand of trees on it. I thought they meant we would go to such a place, so I was happy! At that time I learned Hymn 168 from Sarah Simon.

As we were traveling up that way, I kept wondering when we would see the island with a stand of trees on it. Finally I asked my mother-in-law Soozun, "What you say? There are two mountains up ahead one behind the other. That is what we mean," she said to me. Again I felt awful inside, but I kept my feelings to myself. They had said they were going up to the last mountain and that's what we did. Thus I saw two summers in a row among the mountains.

During the winter beaver skins are hard to get and in Arctic Village there are no people. Sometimes only three households were there. That summer we were not fortunate in our sheep hunting. Later we came back and went to the shores of Old John Lake to get fish.

That fall the people went in different directions hunting for caribou. My brother-in-law David Peter was married that summer and lived alone (with his wife) on the way to *Zheh Gwatsal*. The young men also traveled with them.

It'ee Drin Tsal ts'à' gweedhaa ts'à' Van Choo vęę gwats'an Vashràįį K'ǫǫ gwìts'èerahòojil. Joseph Peter chan dineełèe hahaii kwaa. Khyąh dhidlii izhìk gwa'an łyâa gwintł'òo kogwìł'ąįį. Vilìk chan nizįį. Gàa Drin Tsal, Drin Choo dąį' khehłan dhidii.

Izhìk t'ee Drin Choo diihàa t'igwìndhàt January 1938 izhìk t'ee Zheh Gwatsal gehnjì' Gwak'àn Choo gagàhnyaa khyąh gaadlii khaiits'à' gwats'an hee. Joseph, Steven hàa zhree. Àkwàt March gwiizhik tr'iinin shi'yàa gòo'ąįį ts'à' t'ee Drin Choo taa gwahaadhàt gwiizhik t'ee Gwichyaa Zheh gwats'à' tr'ahăa'òo. Zheh Gwatsal k'iitthàn ts'ąįį łyâa diihàa dinjii kwaa diikhwąhzhrįį. T'aa Dha'ąįį tr'ąąhàa gwats'an Zheh Gwatsal. Chùuluu nizįį ts'à' gwinzįį tr'ee'al. Zheh Gwatsal k'eerii'òo akhài' David Peter va'at it'ee niheedhaa eenjit iłts'ik łii zhat danandàa nindhat. Izhìk t'ee shin datthak Mary Jane gavaà neehidik. Vijyàa nindhat ts'à' t'ee "Nakhwàa neehihdyaa," shàhnyaa.

Then, since Christmas was approaching, we left Old John Lake and moved back to Arctic Village. And all the time Joseph Peter did not leave us.[7] He stayed out on the trapline for quite a while. His dogs were good. But for Christmas and New Year's he stayed in one place.

We spent New Year's Day there. In January 1938 Joseph and Steven had been trapping since fall at a place beyond *Zheh Gwatsal* they called *Gwak' an Choo*. I was due to have my child in March, so after the New Year's passed, we went to Fort Yukon. After *Zheh Gwatsal* we were on our own; there were no other people. We spent the night at *T' aa Dha' qii* then at *Zheh Gwatsal*. There was a hard-packed trail and the going was good. When we arrived at *Zheh Gwatsal*, we found that David Peter's wife (Edna) was mortally ill, and while we were there she died. All that summer Mary Jane had traveled with them. Her friend died, and so she told me, "I will leave with you folks."

---

7. Joseph was deteriorating in health, terminally ill with tuberculosis.

CHAPTER 4

Gwichyaa Zheh Gwats'à' Tr'ahàajil

Aii Edna danandàa vanàrąąhjìk tł'ęę t'ee Gwak'àn Choo nôonlyàa yeenjì' ts'ąįį tr'ahàajil aii shijyàa Mary Jane diihàa hàazhii ts'à' chùuluu kwaa ts'à' łąįį gàa diineelyaa kwàa. Łąįį ts'ìi chùuluu tr'ahtsii ts'à' tr'eedàa.

Gohch'it Gwak'àn Choo nijìn khyąh gaadlii k'eeriidàl. Dąąch'yaa tr'ąąhàa izhìk gànaldàii kwàa. Izhìk chan gwats'an Gwichyaa Zheh gwats'à' ninghìt. Gwatthan gwilin tr'ąąhàa gohch'it dèe shaghoii Philip Peter vanàh kak Khiitsik gòozhii k'eeriidàl. Aii łąįį k'àn nąįį chan łąįį nizįį ginlįį kwaa. Ga'al dąį' chan oonaa diigąąh'in digitsì' dak ach'agwąą'ee ts'à' treegogwaahtàl kwaa t'agavàihnyaa. Khaiinjii oonaa datthak tr'injil dǫhłìi, shreenan nihk'iidǫǫ tr'iinin shizhìt gwiizhik.

Khiitsik k'eeriidàl Gwichyaa Zheh gwats'à' gwintł'òo ninghìt kwaa. Zhat t'ôonch'yaa gwiizhik Philip k'inidik. Zhat khyąh dhidlii t'ii'in. Aiitł'ee t'ee oodì' diihàa neehòozhii gwintł'òo łąįį nizįį di'ii. Dachąąvał choo chan di'ii.

Izhìk dài' shoondee John Steven juk John Jonas vizheh Chief Esias Loolà vizheh gwinlì' izhìk tthankhįį gwich'įį. Izhìk dakkhįį zheh gwatsal gwizhìt tr'igwich'įį. Dr. Burke izhìk dąį' gwandàii. Izhìk zheh gwatsal gwizhìt t'ee shigii Hannah vagwànlįį Dr. Burke nurse hàa gwint'aii gaagal ts'an gwìłtsąįį.

CHAPTER 4

We Go to Fort Yukon

After they buried Edna in our presence, we went over around the east side by *Gwak' an Choo*. My friend Mary Jane went with us, and, as there was no trail, the dogs couldn't even haul us. We made a trail ahead of the dogs and thus we traveled.

At last we arrived in the vicinity of *Gwak' an Choo* where they trapped. I don't recall how many nights we camped there. Even from there it's a long way to Fort Yukon. We camped many times going down and finally we arrived at my brother-in-law Philip Peter's place called *Khiitsik*. Those dogs were past their prime and were no good. I mean to say that as they were going along they would look back at us and stick up their tails (as if to flaunt them at us) and make no efforts to leave fast tracks! We walked almost all the way down, with me eight months pregnant.

When we arrived at *Khiitsik*, Fort Yukon was not very far off. While we were there, Philip returned. He was trapping there. After that he went down with us, he had a lot of good dogs. He also had a big toboggan.

At that time my older brother John Steven lived in a small house in back of what is now John Jonas's house, and formerly was Chief Esias Loola's house. We lived there in the small house. Dr. Burke was living at that time. My child Hannah was born in the little house. She sure made Dr. Burke and the nurse run real hard!

Airplane zhìt tr'ookìt k'ooshizhii izhìk sheenjit gwinzįį tł'ęę April 1938 gwiizhik Bishop Trimble Rowe, Dr. Burke hàa Vashrąįį K'ǫǫ nirihee'àl ginyaa. Jim Dodson Norseman ch'àa choo neehąąht'ee hàa zhree. "Neehindyaa jì' diihàa plane zhìt nindii," shàgàhnyaa. Oondee Vashrąįį K'ǫǫ giveenjit łihteedeech'ihihłyaa eenjit t'iginyaa. It'ee gavàa plane zhĭizhii tr'ookìt plane zhìt gwąąl'in zhree. Izhìk t'ee shįį tr'ookìt Dinjii Zhuu ihłįį ts'à' Vashrąįį K'ǫǫ shigii tsal Hannah hàa plane zhat diihàa needaanąįį.

Zhat ginkhii Albert Tritt dhidii ts'à' t'ee Bishop Rowe, Dr. Burke hàa giginkhè' giveenjit łihteedeech'iihłyaa. Gilbert Joseph chan khik tr'iginkhii zheh neegwâahk'ik ts'à' ch'aahłàii nilįį. Aii t'ee James Gilbert, Alice Peter hàa gootì'. Goohan chan Maggie òaazhii.

Izhìk shin 1938 oondàk ddhah tee gwarąą'yà' kwaa. Yeedee Van Choo zhrįį vęę tr'igwich'įį. Veelin chan khìk vadzaih tr'ahgąįį. Nilįį lii neerahaazhik gògwàntrii ts'à' nijìn vadzaih gwànlįį izhìk giiteech'aahk'èe izhìk veeghaii nìrinjik ts'à' tr'ahgąįį.

Aii shreenyàa Vashrąįį K'ǫǫ gwizhrįį gwihch'įį. Dinjii nąįį zhrįį oondàk dzan kee'in. Izhìk t'ee Harry Frank dahan k'ąąhtii ninghìt neehidik geenjit veegògwàntrii ts'à' Vashrąįį K'ǫǫ hee t'iginch'yaa.

Zhat dąį' Jim Dodson neech'ahąąht'ee gàa oondàk Vashrąįį K'ǫǫ gwalàràa kwaa ts'à' zhat gwąąh'in kwaa. Gwichyaa Zheh hee gwà'àn gwitr'ìt t'agwah'in.

Jii neegwiidhat gwizhìt Vashrąįį K'ǫǫ gwindii gwizhrįį neerihiidàl. Yeenjì Van Choo ehnjì' Dyąąhch'ì' David Vatthàl giyàhnaa gwà'àn googàa neehishinjik. Aii t'ee zhat khaii zhat gwà'àn khyąh tr'iheelyàa gwìnyaa eenjit shìh keerii'in zhree. Izhìk gwintł'òo shąhzhrįį kwank'it dhiidii hee naljat ch'yąą.

I had my first airplane ride there after I recovered. In April 1938 Bishop Trimble Rowe and Dr. Burke said they would go to Arctic Village. Jim Dodson flew a big beat-up Norseman then. "If you're going to be leaving, come along with us in the plane," they said to me. They intended that I should interpret for them up at Arctic Village. So I went in the plane with them, the first time I rode in a plane. And at that time I was the first Indian to do this, and so the plane landed there at Arctic Village with us, me and my baby Hannah.

The preacher Albert Tritt was there, and when Bishop Rowe and Dr. Burke preached, I interpreted for them. Gilbert Joseph always lit the fire at the church and rang the bell. (This was a duty he took upon himself.) He was the father of James Gilbert and Alice Peter. Their mother was named Maggie.

That summer of 1938 we did not spend among the mountains. We only lived on the shore of Old John Lake. We always dry caribou along its shores. It is hard to carry fresh meat, so wherever we saw a herd of caribou we shot them where they were then moved to that site to dry the meat.

That spring I lived only at Arctic Village. Only the men went up to hunt muskrat. At that time Harry Frank was caring for his mother; it was hard for her to walk far, so they lived at Arctic Village.

At that time Jim Dodson was flying, but up at Arctic Village there was no money, so he didn't come there. He worked around Fort Yukon.

During this year we traveled only around Arctic Village. I even traveled to a place called *Dyqqch'i' David Vattha'l*, which is to the north of Old John Lake, to our east (from Arctic Village). We were planning to trap there that coming winter. Therefore we were hunting and gathering food there (to assess the hunting grounds, as it were). I was very afraid to stay at home by myself for long periods of time then.

Aii khaiits'à' t'ee Van Choo Vęę Zheh gòo'aii tr'igwich'įį. Izhìk gwats'an nihk'yàa nagaazhrìi ts'à' nijìn vadzaih lęįį gaahkhòk dạį' gwats'à' tr'ihinjik. Gwîindhàa dạį' tr'ahgạįį van choo ndụhts'aii łąą tik nilįį gwintł'ǫǫ giłgạįį. Aii datthak zhik zheh gòo'ạįį jìhnyaa izhìk nineeraazhik. Zhat dehtsii dha'ạįį zhìt.

It'ee August nan gwîink'oo gwiizhik oodìt Van Ts'an Hahdlaii izhìk vadzaih choo "Khaiints'an" giyàhnyaa keeree'yà'. Joseph Peter, David, Steven nạįį hàa. Zhat gwaghàii gwirich'ii. Izhìk it'ee Joseph gwiizhik iłts'ik. TB hàa iłts'ik łii zhree. Googàa gwint'aii gwitr'it t'agwah'in. It'ee gwîink'oo ts'à' drah yi'èedok deegaa'aii aii kak vadzaih teeł'an k'eech'agat'aa aii oodàk gagahahjyàa. Gwiizhik t'ee Joseph gwintł'òo iłts'ik khaiitree googàa t'ii'in. Gohch'it David aii iłts'ik zheh gwats'à' yihiłchii. Ch'adhah tr'ihchoo hàa ts'à' it'ee Gwichyaa Zheh iłts'ik zheh nigiyąąhchįį łii.

Gwiizhik diikhwan aii Van Choo Vęę Zheh gwits'eerahòojil. Aii zheh t'ee Soozun vizheh. Tabitha vakạị' iłts'ik zheh dhidii ts'à' adant'ee diighaii zheh gwadhàh gwanąh'ee. Aii t'ee 1938 khaiits'à' t'igwii'in Izhìk t'ee Joseph vigii Jermi, John, Abraham, Joel chan zhat gwats'à' shreenyàa vagwànlįį, aii chan shįį hòołchįį. Vashrạįį K'ǫǫ gehdì' vagwànlįį.

That fall we were living at Old John Lakeshore House.[1] They hunted in all directions from this point, and when they killed many caribou we moved camp there. While it was warm we dried it; on the other side of the big lake are three places where they used to dry a lot of meat. And all that dried meat they brought to the house I mentioned and placed it in the cache that was there.

Then in late August when it started getting cold we moved down (to the east) to *Van(Va)ts' an Hahdlaii*. We went there to hunt bull caribou, which they called *"khaiints' an."*[2] Joseph Peter and David went with Steven. We lived there close together. Meanwhile it became obvious that Joseph was sick. (We didn't know it at the time but) he was (terminally) ill with TB. Even so, he worked very hard. Then it was so cold they built a very high open cache and tossed up the quartered caribou (rumps and shoulders).[3] All the while Joseph was very sick and even as he yelled out (in pain) he continued to work. Finally it was David who took him to the hospital. He took him down to Fort Yukon in a skin boat and took him to the hospital.

Meanwhile, we went back to Old John Lakeshore House. Soozun lived in that house. Since Tabitha's husband was in the hospital, she set up her tent beside ours. This we did in the fall of 1938. At the time Joseph's children were, Jermi,[4] John, Abraham, and Joel. (Joel) was born that spring and I delivered him! He was born a little ways from Arctic Village.

1. Peter John's house just below Peter John Mountain.

2. The name of the bull caribou in August before they go into the full rutting period. During the full rut bull caribou have a powerful odor and flavor. Literally 'faint smell of winter odor.'

3. The wind chill factor is very high in this area. In the winter and sometimes during the fall men cut the caribou into quarters with all the fur left on. The meat was stored in the open, and the fur helped preserve the meat and ward off predation. Frozen or raw rumps and shoulders are heavy.

4. Jeremiah. Jermi was a life-long pet name he bore.

Aii Van Choo Vęę Zheh tr'igwich'įį gwats'an oonjìt ndų̀hts'ąįį chihvyàa charaadlii. Myra chihvyàa chąąhtsùu vits'ìhnyaa, łą̀h chan charaadlii. Tan tth'aii vakak zhah kwaa oozhàk łyâa chèh gwats'à' ninghìt k'it t'ôonch'yaa. Łąįį hàa oonjì' neerihii'òo. Gwintł'òo Myra gwitr'it eenjit vigwil'in t'aihnyaa.

Izhìk David doondee ootthàn hiłchįį nats'àa k'inidik vànaldàii kwaa. Gàa t'ee izhìk khaiits'à' Gwak'àn Choo gwà'àn khyą̀h gaadlii Steven hàa. Izhìk t'ee shrìit'agwą̀htsìi nìn giiłkhwàii ts'à' t'ee Drin Tsal ts'à' Gwichyaa Zheh gwats'à' łąįį hàa gahaa'òo. Zhat Van Choo vęę hee drin chil'ee zhìt tr'ahaak'yàa ginyaa.

Aii gwiizhik zhat than hee tr'igwich'ii ts'à' Myra hàa traa tr'ookyàa gwinyaa. Gwîink'oo gwiizhik traa tr'ikyaa gitr'igwii'ee ts'à' zhree. Łyâa diishìh gwànłįį łuk, nilįį gąih, nilįį tan kwaii gwànłįį. Dehtsii zhyą̀ą vizhìt deegwadaa'ąį'. Jidìi ga'àa gavàa ih'àa. Soozun zhree łuk daagąįį tan vitsin vats'à' gòo'ąįį ahvir. Aii traa tr'ikyàa dìhnyaa traa lęįį tr'iłtsąįį. Aii gwiizhik t'ee Drin Tsal ts'à' nahgwàn. Aii traa t'àihnyaa datthak łą̀ą diikwàntee dàk garahadą̀ą̀dlii. Dachaavał nèekwaii hàa oo'ęę neeraazhik.

Izhìk t'ee Velvet ts'eet'it can cigarette tr'ahtsii. Myra twenty-one years old nilį̀į googàa cigarette diłk'à' duuyee dinjii ndàh ch'iiłk'à'. Tabitha vizheh gwizhrįį ch'iriiłk'à', chiitąįį gwitr'it t'aragwah'in dą̀į' chan. Zhyą̀ą ch'iriiłk'à' oozhìi tr'inlįį ts'à' t'igwii'in dǫhłį̀į. Harry Frank chan zhat dinee nìhèe ts'eet'it dinee k'aazhik ch'yą̀ą. Jidìi Apple Sam giyàhnyaa gàa zhree. Vashrąįį K'ǫǫ gehdì' gwats'an t'ii'in.

Drin Tsal gwats'à' nahgwàn gwiizhik Steven, David hàa k'ineegii'òo. Ookit Gwichyaa Zheh k'eegii'òo ts'à' t'ee Joseph nakhwàa neehooshizhì' gavàhnyaa łii. Akwaa giyàhnyaa googàa t'ee goodeent'aii łii ts'à' airplane zhìt

We set a fishnet across the lake from our Old John Lakeshore House. Myra set out the net and I helped her, and we also put out set lines with hooks. There was no snow on the ice yet and it looked very far to the bottom. We went to it with dogs. I tell you truly that Myra was an expert and thrifty worker.

When David took his older brother down (to Fort Yukon) I don't remember how he returned. But that fall he and Steven trapped around *Gwak' an Choo*. When they had taken enough animals there and Christmas was near, they went to Fort Yukon with dogs. "We're going to spend New Year's Day on the shores of Old John Lake," they said.

Meanwhile, we were living there alone and so Myra and I said, "Let's cut wood." The reason was that we didn't want to do this while it was cold.[5] We really had plenty of food. There was fish, dry meat, and frozen meat. The cache was just full of it. Whatever they ate, I ate with them. Soozun boiled frozen whitefish with all its guts. As for the firewood I mentioned, we cut a lot of it. Meanwhile, it was near Christmas. We piled the wood in front of our dwellings. We brought it home two toboggan loads at a time.

At that time we made cigarettes with Velvet tobacco in a can. Myra was twenty-one years old but she still wouldn't smoke in people's presence. We only smoked in Tabitha's house, and also outside when we were working. I guess we were bashful about smoking. Harry Frank came there to visit us and he brought us tobacco. Even what they called "Apple Sam." He was coming from just this side of Arctic Village.

It was almost Christmas when Steven and David came back. After they arrived in Fort Yukon, Joseph asked to leave with them, it seems. They told him no, but even so he clung to them. So at last they made arrangements for him to come

---

5. Usually there are cold spells during the holidays. Note the division of labor.

ookyąą neeheedyaa giyeenjit gwìłtsąįi łii. Izhìk dại' juu iłts'ik zheh dehk'ìt dahak dùuyèe oozhòk neehidik. Dinjii t'àii kwaa gwilìk izhìk Dinjii Zhuu nąįi gàagiindàii ts'à' zhat dại' dinjii iłts'ik zheh dhidii gitr'igii'eè.

Van choo kak plane eenjit gogogwiiłkįi ts'à' it'ee Jim Dodson vàa needaanąįi. K'eiich'ii gòonjik aii chan k'aazhik. Zhat dachan zheh t'ee Drin Tsal, Drin Choo zhìt diihàa tigwindhat. Aii Drin Choo taa gwahàadhàt ts'à' t'ee gehkìt gwa'an traa gwànlįi geeghaii nìrindii. Izhìk t'ee tth'aii hee shìh lęįi gwànlįi.

Zhat tr'igwich'ii gwiizhik khan hee yeekyaa Vashrąįi K'ǫǫ gwats'an dinee k'eechangwâadhak. Elijah Henry dizheh k'aa, Moses Sam vizheh k'aa izhìk dąį t'ee Lilly vagwànlįi 1939 dąį', Sarah Simon digigii nąįi, Gabriel Peter dizheh k'aa, Lucy Frank, jii nąįi hàa k'eegiidàl. Shìh kwaa ts'à' jidìi nilįi gąih tsal tr'ii'įi Soozun jidìi tsal hàa gootèenaandak. Googàa zhyąą k'it shìh t'iizhik. Gwiizhik nagaazhrìi gàa łyąą shìh gaahkhwaii kwaa. Łyąą akwaa gigiildaii ts'à' datthak dineełee gohòojil.

Shaaghan Lucy Frank aii diihàa gwìch'įi shaghoii Joseph chan neeshraach'yaa ts'à' naazhrìi kwaa. David, Steven hàa zhrįi.

Soozun chan chajàl ił'ąįi. Drin datthak jàł k'it dhidìi googàa geetàk łuk ch'ihłak tsal zhrįi hahchik. Adan zhrįi shìh tsal k'ąąhtii. Aii hàa diik'ąąhtii datthak zhat khehłòk zheh k'aa tr'inlįi ts'à' jidìi tsal hàa danantl'àandak. Googàa łyâa Tabitha vigii nąįi tsyaa tsal ginlįi gwintł'òo goozhìt gwiłts'ik.

Gohch'it Steven aii yeenjì' Ch'at'oonjik gwats'à' tr'ahoo'òo shàhnyaa. Izhìk gwats'à' tr'ahaa'òo zhat Johnny Frank ninghìt dąį' gwinch'ì' łii zhree. Akhài' zhat dinjik diłk'ee aii gwintsàl vakak darahgąįi łąįi neeyiheelil ts'à' heedìi kwaa geenjit. Zhat njuu tee gòo'ąįi zheh chan zhat gòodlii. Gàa khan oonii shìh hàa goots'èe rahòo'òo.

Izhìk dąį' James Gilbert digitì' hàa Christian Village gwà'àn hee gogwich'ii. Albert Tritt chan Gwichyaa Zheh gogwich'įi.

by airplane. At that time, whoever got into a hospital bed could not get down and walk around. The *Dinjii Zhuu* knew that men became weak there and so people did not like to stay in the hospital.

They made a mark on the big lake for the plane and Jim Dodson landed with him. He also brought the stuff they had bought (while in Fort Yukon). There in the log house we spent Christmas and New Year's. New Year's passed and then we moved further down around where there was plenty of firewood. There was still plenty of food.

While we were living there, people quickly came to us from Arctic Village. These people came: Elijah Henry and his family, Moses Sam and his family (Lilly was born then in 1939), Sarah Simon and her children, Gabriel Peter and his family, and Lucy Frank. There was no food and so Soozun distributed a little to all among them of what little dried meat we had. Even so, the food went like nothing. Meanwhile, they hunted, but they killed no game at all. It was no use, and they all left us.

The old lady Lucy Frank lived with us, and my brother-in-law Joseph was in bad shape too so he did not hunt. Only David and Steven did.

Then Soozun went ice fishing. All day she sat at the fishing hole, even though sometimes she only got one little fish. She managed the food for all of us. We were one household and she distributed whatever food was available among us. Even so, Tabitha's children, being little boys, were so hungry.

Finally Steven said to me, "Let's go east to *Ch'at'oonjik.*" We went to Johnny Frank's old house (at *Ch'at'oonjik*). As it turned out, he shot a moose there and we dried it slightly so it would not be so heavy for the dogs to pull. We were in a stand of trees there with a few houses around. (As much as we enjoyed it) we went back quickly with the food.

At that time James Gilbert and his father were living around *Zheh Gwatsal.* Albert Tritt and his family were living at Fort Yukon.

It'ee April gwandaa t'ee Steven "Gwichyaa Zheh gwats'à' shatth'àn hàa hihshyaa" nyaa. Łyą̀ą nilįi gąih natsal hàa haazhii. Drin tik gwizhrįi Gwichyaa Zheh gwats'à' nîinzhii. Vakwaii ts'àt kak gàa chųųdàl iltsąįi.

Zhat dą̀i David Wallis łihteedeech'eelyaa Gwichyaa Zheh hee. Aii vàanòodlit dìnk'iyą̀hthat ts'à' gwinzįi vàanòodlit dìitth'ak. Aii yeenjit gwinzįi eegwïintrat łii, ts'à' t'ee Jim Dodson ookyąą dinjii teegògwąąhch'yaa shìh niginlii łii.

Izhìk ootthàn hahaii hee yeendee Salmon Vavàn vęę nahohdàa shròo, zhree nyaa. Aii gwik'it t'igwiizhik. Aii hàazhii tǫǫ t'ee Tabitha vigii tsal Joel vakwàa. Iłts'ik ts'à' vàagwiindàii kwaa zhree.

Aii jyàa digwii'in gwiizhik Myra shàa gwich'į̀i vee'įi ootthàn hahaii hee dęhtl'yaa eenaahtsùu David Frank N.C. gwitr'it t'agwah'in ts'à' zhree. Izhìk shàagwaandak, "It'ee łyâa shitsųų nąįi giveełee hihshyaa," shàhnyaa. K'eekaii naagąįi hàa iltsąįi ahtsii yat'ahaahch'yàa kwaii. Aii tr'ìilee ąh'įi gwiizhik neech'adânąįi. Jim Dodson "Juu dee Myra ôaazhii?" nyaa gwiizhik ǫhtsùu dagą̀įi hee k'iitthàn plane ts'à' tr'âahtsit. "David Frank yankee ginkhii," yàhnyaa. At'oohjù' hee gitr'igii'èe gàa too late ts'à' t'ee Soozun "Aii vàa hìhshyaa," nyaa ts'à' yàa hàazhii. Aii jyaa diizhìk kwaa jì' nijìn gwandaa hee tr'ooheendal lì' Alexander Alexander łyâa oihjii yoiinyà'. Gaa aaitł'ęę 1940 shreenyàa tr'oonjik David Francis va'at gwats'à' nindhat aii yuunjik.

Aii Salmon Vavàn gwats'an Vashrą̀įi K'ǫǫ gwats'à' neerihoojyàa ginyaa. Shìh ninghùk kwaa ts'à' łąįi nąįi neeshraahch'yaa. Shitsųų Lucy googàa dats'àt

Then in April Steven said, "I'll go to Fort Yukon on foot." With a tiny bit of dried meat, he left. He walked to Fort Yukon in only three days![6] He even got blisters on his toes.

At that time David Wallis was the interpreter at Fort Yukon. A white person raised him and he understood English well. He immediately made arrangements for Jim Dodson to bring enough food to hand out to all the people.

When he had set off to go down there, Steven said, "Do you suppose you folks could make it to the shores of *Salmon Vavàn*?" That's what we did. That night after he left, Tabitha's little child Joel died. He was sick, and we didn't know it.

While this was happening Myra was living with me. She gave her uncle (Steven) a letter to deliver to David Frank who was working at the N.C. store. At the time she spoke to me in confidence saying, "Now I will really leave my grandmother's family."[7] She made new things decorated with beadwork for herself.[8] She had all these things ready when the plane landed. Even as Jim Dodson was saying, "Who is called Myra," a little white bag was carried forthwith to the plane (by Myra herself). "David Frank has sent for her," he said. (As there was no previous discussion) only then did they not care for this idea, but it was too late. So Soozun said, "I'll go with her," and she left with her. If Myra hadn't done this, there's no telling when she would have been married. Alexander Alexander really wanted to marry her. But in the spring of 1940 she was married; David Francis, whose wife had died shortly before, married her.

From *Salmon Vavàn* they said "Lets all go to Arctic Village." There had been no food for a long time and the dogs were in poor condition. Grandmother

---

6. Approximately 145 miles.

7. Myra was 23 years old. At the time girls were married between 14 and 17 years of age.

8. *K'eekaii* usually means mittens, hats, gloves, and boots sewn and decorated with beadwork.

ilil, toh di'ii ts'à' diihàa needyaa. Gwatthàn nèekwąįį tr'ąahàa gwich'in. Izhìk Vyuh Zhrąįį Chuh tsik shriijaa neegwiilìk shreenyàa hee izhìk tąįh kak nirindii.

Gwiizhik Gabriel Peter dizheh k'aa hàa Vashrąįį K'ǫǫ gwigwich'ii. Gwiizhik shaghoii Joseph diihàa neeshrâahch'yaa, googàa t'ee jał k'it łuk eenjit dhidii drin hee. It'ee gwahgǫ' gwiizuu gwilìi gwiizhik Vashrąįį K'ǫǫ nineeriijil. Izhík chan nihk'yàa hee van kak chihjàl raadlii. Izhìk shįį, Alice, Steven nąįį hàa gehdìt van kak chihjàl raadlii. Tǫǫ datthak googàa łuk kwaa. Ts'à' oodįį neerahòojil akhài' vizheh gwadąįį nineeriijil akhài' vakąį' Gabriel łuk khàiinlii łii chihvyàa dinjil lii. Łuk vir, łuk ch'yah ch'its'ik hàa dineenjit iłtsìt łii. Gwintł'òo dinjii vilìdìi akąįį ch'yąą t'aìhnyaa. Vats'à' nihdèe ra'òo hee, "Lidii gwànlįį t'ǫǫ'," nyaa.

Shaghoii Joseph neeshrâahch'yaa ts'à' zhat Vashrąįį K'ǫǫ gwizhrįį vàa tr'igwich'ii. Akhài' chan alar kwaa nànaadhàk ts'à' Steven Gwichyaa Zheh gwats'à' yeenjit ch'oondàii keehàazhii. 1939 shin gwiizhik. Steven Gwichyaa Zheh gwats'à' hahak dąį' shreenan ch'ìhłàk geenjit t'ii'in ch'yąą khan t'iizhìk t'àihnyaa.

Izhìk t'ee vahan Soozun chan ookyąą yàa neehòozhii łii. Vàanòodlit Jack Kennedy ðaazhii chan. It'ee łąą Vatr'agwąągwaii ǫhts'ąįį gwi'ęę chųų tthoo hàa gavàa neeshreeyaahch'yaa łii. Googàa t'ee gavàa k'inidik.

Khan hee oodee gwakak ch'ahâat'aii nigwiriił'in, Dachanlee hee. Aii t'ee geedan t'iginch'yaa łii.

Lucy even pulled her own blanket, holding her cane as she walked with us. I think we camped two days going down. There at the mouth of Black Gull Creek grayling are abundant in spring and there we camped on the hill.

At the time Gabriel Peter and his family lived at Arctic Village. Meanwhile my brother-in-law Joseph's health was progressively getting worse, yet he sat all day at the fishing hole. Then just as breakup was making travel conditions bad we arrived in Arctic Village. There too, we went fishing on all the lakes in the area. On one occasion Alice, Steven and I went fishing one lake over (from where we were living). We fished the whole night but there were no fish. So we came back and by chance stopped in front of Alice's house. As it were, her husband Gabriel got some fish which had swum into the fishnet and got caught there. He had prepared boiled fish, fried fish, and fried fish guts for us.[9] I tell you that man could make some good tea! When we came into his presence he said (don't just stand there, can't you see) "There's plenty of tea!"

My brother-in-law Joseph was now in very poor health, and we stayed only in Arctic Village with him. It came to the point where he urinated only occasionally, and then Steven went to Fort Yukon to get some medication for him. This was in the summer of 1939. I tell you on this occasion when Steven went to Fort Yukon he did it in a hurry considering that a trip like this usually took him one month!

This time his mother Soozun came back with him, and also a white man named Jack Kennedy. Then on the other side of *Vatr' agwǫǫgwaii* Mountain she apparently became sick, vomiting bile. However, she came back with them.

Suddenly we saw a tarpaulin flapping in the breeze up on *Dachanlee*.[10] As it turned out, it was them.

9. *Ch'its'ik*, the fish guts, are cleaned and fried. They are chewy and rich. Formerly it was considered an omission not to serve them, like serving turkey without dressing.

10. A tarpaulin was hung up for protection against the elements.

Gwiizhik David khik oo'òk naazhrìi nihk'yàa neehidik gàa shìh dahkhwạ̀ịi kwaa. Aii hiljii gwiizhik t'ee gehndee chan kak vadzaih k'iinaa ah'àl łii. Tabitha aii oonaa sheenìlgik Noah izhík tsyaa tsal nilị́i. Oodee Peter Shajol vatth'ank'ìt izhìk gehkìt gwihị̀ịł'ee k'iitthàn zheh gwadhàh veenjit gwinìrintthaii shaghoii Joseph zhree. Izhìk gwats'an nigiyiił'in łii.

Gabriel Peter zhrị̀i zhree dinjii nilị̀i akwat aii jyàa dagàhnyaa. It'ee yeenjìt k'iinìn niinkwạ̀ịi ts'à' tł'eedik k'iindàk yats'à' ahaa. Oonìn Joseph "Yahahkhal t'iyah'in," yàhnyaa. Gwiizhik zhree Noah k'iindàk hàn tł'eedik k'iindàk zhree k'igwâanạ̀ịi. Dinjii tsal nilị̀i ts'à' khan neehaagak, zhree t'ii'in. Gabriel vadzaih ts'à' ch'ạ̀ạ'yaa gwiizhik Joseph iłts'ik neeshrâahch'yaa ts'à' t'inyaa. "Gwinzị̀i gwịhdàii dạ̀i' ch'yaa lee t'ìhch'yaa lì'," nyaa ts'à' dink'ee noondak gwiizhik khaiitree. "Jyàhts'à' gwiyeet'lì gweedhaa gàashandàii geenjit gwandàii nạ̀ịi datthak ts'à' ihsị̀i gwìk'eegwiindàii ch'yaa kwaii geedaajìi?" nyaa.

Gabriel vadzaih yik'ànjìk ts'à' hee zhree nijùk zhree k'eegwaajil lì'. Ninghùk gwahàadhàt kwaa gwiizhik yeedàk gwats'à' ch'ahaak'ee tth'ak. Noah yatạ̀ịi hìlgìk vadzaih dọọ inghan t'inyaa łii. Ninghìt kwaa ts'à' t'ee chan dineek'anaagak. Shrii hòołtin kwaa łii nyaa. Gwiizhik t'ee shị̀i, Alice, Tabitha nạ̀ịi hàa łạ̀ịi ghwàa hàa oodàk tr'ahàajil. Oodee k'eeriidàl akhài' Gabriel ch'adạ̀i' hee nach'a'aa łii.

Tł'ee t'ee łyâa Joseph veenjit gwìizụ̀ụ ts'à' "Shigìn dàa tr'oonjii," nyaa. Alice shik'èegwindàii àhnyaa. Alice aii gwik'ìt t'ahòo'yạ̀' akhài' vadàa yintsạ̀i'. Gwintł'òo aakin ch'igwîidlii t'inch'yaa. Tthàh yankeentthaii googàa dah gwats'à' hee dìltin. Izhìk dạ̀i' nahgwàn veegòo'ạ̀ịi geh'àn t'inch'yaa yàhnyaa.

Aii vàanòodlit Jack Kennedy chan yeenjì' Khiinjìk gwats'à' shàa dinjii

Meanwhile David was constantly hunting in all directions, but he killed no game. Then while he was gone we saw a herd of caribou just above us on the open tundra with scattered trees and willows upon it. As Noah was a small boy at the time, Tabitha ran up to (tell) me. We had set up a tent for my brother-in-law Joseph on a bluff just down a ways from Peter Shajol's grave site. They saw it from there.

Gabriel Peter was the only man, so they told him about it. Thereupon he paddled across (the stream) and was approaching them along the bank. Joseph could see him from where he was and said, "He's going to scare them off." Meanwhile, Noah disappeared up the riverbank. You see, he ran very fast because he was a small man. While Gabriel was sneaking toward the caribou, Joseph, who was in the weakened last stages of his illness, said, "I used to live so well and now I wonder why I am in this state," and all the while he would grab for his gun and yell out in pain. "I knew this would come to pass," he said, "therefore I made every effort to behave properly toward all living beings and now where are they?"

The caribou sensed Gabriel and then they just disappeared. After a short time we heard shooting up that way. It was Noah who ran after them and killed four caribou. It wasn't long before he came running back to get us. "I didn't take a knife," he said incredulously. At the same time now Alice, Tabitha and I went up with our pack dogs. When we arrived up there, Gabriel was already butchering the caribou.

After all that, Joseph became very ill and said, "Let blood be taken from my arm."[11] He asked Alice to do this to him. Alice started to do it, but his blood would not leave him. It was really very strange. She pricked him with an awl, yet the blood remained as if in a bag. Then because of that, she said the time of his going was near.

That white man, Jack Kennedy, asked if one of the men could go with him

---

11. Bloodletting was a common practice.

hoozhì' nyaa. Aii chan David yàa oonjì' hàazhii, ts'à' it'ee Gabriel, Alice hàa zhrįį diihàa. It'ee Soozun veenjit gwinzįį ts'à' tł'eedik gwihch'įį izhìk sheeghaii Joseph veenjit zheh gwadhàh gwinìrintthaii. Izhìk ts'àt zhìt dǫǫ tr'inlįį ts'à' oodąą narąąhchii.

Alice, Soozun, Tabitha, shįį nąįį hàa Fourth of July taa gwahàadhàt googàa gik'ìgwaanjik kwaa. Steven shìh kwaa ts'à' khik naazhrìi.

Ch'ìhłan van zhree yeendee tąįh ch'ok ts'à' hihshyaa nyaa. "Tsin ts'à' k'eegwiich'yaa t'igwiizhik jì' shats'à' gohohk'an yùu," nyaa.

July 9, 1939 drin tł'an gwiizhik zhree Tabitha shats'à' nihdèiinzhii. "Yee'àt naghoii łyâa jùk neeshrâahch'yaa," shàhnyaa. "Nǫh'yà' jaghàii," shàhnyaa. Gwagwąkhan łąą oo'àn hoiizhii.

Aii zheh gwadhàh zhìt k'iidhàh azhrąįį choo hee gwanàgąh'ee vinjù' gweech'in zhree. Gwiizhik gishreen'àii ts'à' t'ee tr'iinin oodì' Alice karił'è'. K'iidhàh zhìt nihdèiizhii akhài' "Shatth'àn k'iindaa nǫǫhłii," nyaa ts'à' k'iidàk a'ee. "Shikįį chan nach'ǫǫhk'at," nyaa akhài' shįį aii vikįį noiidii ts'à' dzaa shintł'èe tsùh deedhii'ąįį kak vikì' nii'ąįį. Gwiizhik Tabitha aii dzaa yeeghaii dhidii.

Aii oo'àn eezhuut'ineech'yà' tł'ęę zhree khaginhee. "K'eegwaadhat zhee kak k'adha'àk akòh shizhìi noiinjii," nyaa. Gogwąhkhan łąą it'ee vizhìi tr'ihîiltth'at ts'à' it'ee zhree vakwàa. Gwintł'òo tsin ehdan gwànlįį. Tabitha łyâa K'eegwaadhat yats'à' tr'iinjìk one year datthak dakąį' k'eełtii. Ts'à' t'ee neeraatł'ii. Izhìk t'ee kwaiitryah vakwaiichan gwìltsąįį Steven veenjit dhałtsąįį zhìt naal'yùu. Akǫǫ jùu chan yak'àa giheekhyàa gǫǫ? Izhìk nindhat t'ee nakhwatì' zhee zhìt nigwìłjik vak'àa k'iteech'agòiihee ts'à' ch'ilik fifty chan vak'àa iilì. Second Chief nilįį gwiizhik t'iizhik. Dinjii kwaa akwat tr'injaa tr'inlįį ts'à' chan gehkìt tr'iginkhii zheh haak'oo gwehkįį narąąhchii.

east to the *Khiinjik*. So David went up with him, and then only Gabriel and Alice remained with us. Now that Soozun was feeling good, we set up a tent for Joseph down by the riverbank next to where I was living. Four of us took a blanket and carried him there.

Alice, Soozun, Tabitha and I went right through the Fourth of July and didn't even know it. There was no food and Steven hunted constantly.

One morning he said he was going up to the pointed hill above us. He said, "If anything adverse should happen, then be sure to signal me with a fire."

On July 9, 1939, at mid-day Tabitha came in to me. "Your brother-in-law over there is now very ill. Why don't you go see him," she said to me. I went over immediately.

In the tent they had set up a big black mosquito net that one could see through. As it was still daylight, we sent a child to fetch Alice. Just as I stepped into the mosquito netting he leaned his head forward and said, "Put my legs out straight." He said, "Put something under my head," and it was I who sat before him and placed a pillow upon my lap and laid his head there. Meanwhile, Tabitha sat beside him.

After he touched her with affection he started to pray. "Lord in heaven, send your messenger to take my breath," he said. At that moment his breath began to expire, and then he was gone. It was very calm. Truly the Lord gave Tabitha strength. For all of one year she took care of her husband, and so we dressed him. On this occasion I put on him a pair of moccasins with beaded bands around the heels which I had made for Steven. Well then, who was there to pray over him? At the time of his death I read the Lord's Prayer and sang Hymn Fifty over him. He died while he was Second Chief. You see there were no men, only us women, so we laid him in the church before rigor mortis set in.

Gwiizhik t'ee Noah aii oodit Halii Vàn izhìk Sarah Simon digii nąįį hàa gwich'įį nąįį eenòozhii. Aii gwats'an chan aii Sarah vigii ch'ìhłak hàa chan oodee Van Choo vęę Christian Choo dikyuii Peter hàa gogwich'įį chan eenàgaa'oo.

Aii vishrìi narąąhjìk tł'ęę t'ee ts'ivii tsal kwaii akoh riizhal. Aii gwąąh'in łii ts'à' t'ee oonaa neehòozhii łii Steven.

Zhat khaa gwiizhik t'ee Christian Choo, Peter hàa k'eegii'òo. Dachan zheh chanchyàh khaginlii ts'à' aii dachan tyąh giyee iłtsąįį. Aii Christian jyàa digiizhìk kwaa jì tr'injaa tr'inłįį ts'à' khałuu riheetthàa dòhłii.

Shehkìt tr'iginkhii zheh gwizhìt eenjik googàa łàa shee gòhłii t'oonch'yaa kwaa. Tr'igwidii diits'à' gwaa'in googàa yinjìrintł'òo. It'ee łyąą hanjìch'iidhat adan gàa geechèendàk jaghàii tr'iheetrèe gǫǫ. Aii iłts'ik dąį' gwazhak gwalàt chan shìh kwaa.

Izhìk t'ee shìh kwaa dôonchy'àa gik'ăaljìk. Shitsųų Soozun chan khik gwaandak dąį' shìh kwaa geegwandàk, ts'à' tr'iilee gàagwiindàii. Googàa łąą dineenjit gòhłii t'oonch'yaa kwaa. Gàa geetàk hee nan kak datthak dinjii naanii k'ìt sheenjit t'oonch'yaa neegwiilìk.

It'ee shaghoii vakwaa ts'à' it'ee khanàrahaandàii gwizhrįį. Vadzaih chan goonyaa ts'à' gwiizhik gwintsàl zhat gwirinch'į' tł'ęę t'ee vadzaih kheeràa'in. Oodak Vatr'agwąąhgwaii kak hee kharàandii. Izhìk vadzaih tsal veegwitr'it t'aragwahah'yàa gąąhch'yaa zhrįį teech'iiłk'ee Steven aii. Aii t'ee gǫǫ hee tr'iłgąįį ts'à' ants'a' Van Choo ts'à' tr'ahàajil. Tabitha chan diihàa digii nąįį neehaazhik. Zhat shin łyąą vadzaih gwànłįį kwaa. Vadzaih tsal teeneech'aahk'èe ndàa nihłik hee.

Gohch'it zhree Van Choo di' nàa'ai' ddhah kak hee neerihiidàl. Zhat gwà'àn Elijah Henry, ginkhii Albert hàa goorahąąh'yàa jì' eenjit. Akhài' zhree zhat gwà'àn tsii gił'ąįį tr'ąąh'yà'. Izhìk tr'igwich'įį gwiizhik łyâa shin gwats'à'

Meanwhile, Noah went down to *Halii Van* where Sarah Simon was living with her children. He went on from there with one of Sarah's sons to the shores of Old John Lake where Christian Choo and his grandson Peter were living.

After we made him ready, we set some small trees afire. Apparently Steven saw this and came back.

That evening Christian Choo and Peter arrived. They took boards out of a log house and with them they made him a coffin. If Christian had not done this, perhaps we women would have dug a grave in the earth.

His remains were in the church just below me, yet it did not afflict me. We felt sorrow, yet our minds were steadfast. He himself had been tired of his suffering, so why should we cry? You see, sometimes we had no food because of his illness.

It was then that I found out what famine meant. When my mother-in-law Soozun told stories, she always told about famine, so we knew to be prepared, yet it meant nothing to us. Yet it seemed to me sometimes that there were no other people in the world.

Now that my brother-in-law was gone it was imperative that we go out and get food. We were expecting the fall caribou migration, and after we stayed there for a while we saw them. We set up camp upon *Vatr' agwǫǫgwaii*. We stayed there long enough to work on the few caribou Steven shot. We dried that in no time and moved on to Old John Lake. Tabitha brought her children along with us. That summer there were very few caribou. Now and then he shot a few caribou.

Finally we went up into the mountains at the other end of Old John Lake. We were hoping to see Elijah Henry and the preacher Albert around there. Then we saw the cache they had there. While we were living there it snowed during the

gwìgwiin'aii hee chan diihàa tǫǫ ąhshùu. September gwiizhik it'ee łyâa neehaagǫ̀' kwaa t'ii'in łii.

Izhìk t'ee tr'ookìt dinjii nich'iit'uu aii t'ee Tabitha shikì' nich'int'ìi shàhnyaa. Nineteen years shàa neegwâadhat gwiizhik. Tr'ookìt akwaa vàihnyaa akhài' łyâa sheenjit gwìizuu t'iihnyaa shàhnyaa. Akhài' zhree gwinzįį gwinìch'iit'uu.

Ąhshùu ts'à' t'ee Van Choo vęę gwits'eerahòojil. Łąįį tł'yah dìrinlii ts'à' Van Choo Vęę Zheh shitsųų Soozun gwìgwich'ii k'ineeriidàl. 1939 khaiits'à' t'igwii'in.

Izhìk gwats'an t'ee zhat khaii chan ootthàn Gwak'àn Choo k'iitthàn khyąh tr'iheelyàa eenjit tr'ahàajil. Akhài' diishìh kwaa nàgwaanąįį gwiizhik łąą ginkhii Albert diik'at deedhizhii. Aii chan vàa Khiinjik gwits'eerahòojil. Izhìk hee Esias James zhat vizheh gòo'ąįį izhìk tr'igwich'ii. Tabitha hàa zhrįį nich'it tr'inlįį. Izhìk t'ee Drin Tsal, Drin Choo hàa zhìt tr'aahk'į'. Izhìk t'ee Esias James vizheh ts'ìvii jil chanchyàh nilįį gwizhìt ch'araadzaa ch'yaa. It'ee 1940. Izhìk dąį' gwintł'òo shindèe gwiłts'ik ginkhii Albert gàa shindèe gwinìch'int'uu.

Izhìk Gwak'an Choo khyąh Steven tineegwìłjik ts'à' t'ee Khiinjik tthàn Gwichyaa Zheh gwats'à' tr'ahàandii diikhwan zhrįį. Łąįį shaachaa lèe, t'iihnyaa. Ookit Khiitsik hee shaghoii Philip vizheh gòo'ąįį izhìk k'eerii'òo. Zhat gògwich'ii kwaa łii. Shaghoii zhrįį oodįį nìnidìk łii. Izhìk gwats'an t'ee Gwichyaa Zheh k'eerii'òo. It'ee iłts'ik zheh shik'èegiiłtįį. Gohch'it geechashandak ts'à' akhàgoiihnyaa. 1940 shreenyàa izhìk chan yeedìt Vi'iidzee K'ǫǫ Arthur James vàa adaragoo'gǫ̀ chan nyaa.

Aii shreenyàa t'ee Myra iłts'ik zheh gwitr'it t'agwah'in. Zhat gwiizhik t'ee David Francis oihjii yuunyaa.

night, much to our surprise as it seemed that the summer barely passed. It was September already and surely it would not melt now.

Tabitha asked me to bleed her temples and that was the first time I ever made an incision on a person. I was nineteen years old at the time. At first I told her no, but then she said, "It's really hurting me." As it turned out I made a good incision.

Then it snowed, and we went back to the shore of Old John Lake. We hitched up the dogs and went to Old John Lakeshore House where my mother-in-law Soozun was living. This we did in the fall of 1939.

Then we went from there that winter to trap down around *Gwak' an Choo*. Then just as we ran out of food the preacher Albert came upon us. We went with him to *Khiinjik*. There we lived in the house of Esias James. Tabitha and I were the only young women. We were there during Christmas and New Year's. There we used to dance in Esias James's house, which had a floor of young spruce tree planks. Then it was 1940. At that time my eyes ached a great deal, and the preacher Albert even made an incision in my eyes.

Steven took up his traps at *Gwak' an Choo*, and from *Khiinjik* we moved down to Fort Yukon, just the two of us. I don't mean to say that the dogs were carrying me along! We arrived down at *Khiitsik* at the house of my brother-in-law Philip. They were not living there at the time, as it were. It was my brother-in-law alone who came up to the house from time to time. From there we went to Fort Yukon. From then on they began to take care of me at the hospital. I finally left as it was so tiresome there. Then in the spring of 1940 Arthur James requested that we pass the breakup time with them at *Vi' iidzee K'ǫǫ* (which we did).

That spring Myra worked at the hospital. At that time David Francis asked to marry her.

CHAPTER 5

Vi'iidzee K'øø

It'ee chan yeedìt Arthur James gwinzįį t'inyaa nyaa ts'à' izhìk chan gwats'à' tr'ahàandii. Aii datthak lèe "Neełąįį shahaachak lèe," t'iihnyaa. Łąįį k'àn nąįį nehshrit gah'àl nąįį zhree. Nijìn gwîindhaa hee dzan eenjit khyąh tr'iłdlii. Van nitsìi vęę zhree tr'igwich'įį.

Gwiizhik Gwichyaa Zheh dinjii łahaadàa shrôonch'yaa gwahaatsyàa zhree gwinyaa. Izhìk gwats'à' Arthur neehòondii. Vilìk nizįį t'ii'in adan. Izhìk dą̀i' Scully, Dorothy, Jingàa, aii nąįį tr'iinin ginłįį Roland chan vizhùudii.

Tł'ęę chan zhree Steven oonjì' nihihshyàa nyaa ts'à' zhree hàazhii. Traa googàa shi'įį kwaa gwiizhik zhree. Akwat shįį aii tr'igwįhjìk khan t'iheenjyàa t'inyaa oiihnyaa zhroo. Gwiizhik Bessie four years three months old nilįį Hannah chan two years two months hàa nilįį.

Shąhzhrįį two noiihàa gwiizhik łąįį ch'ìhłak zhrįį chan hadhaldìi aii zhree gwintsàl ch'iitth'ak.

Gwiizhik nąątin gwànlįį aii chan zhah zhìt yeezhòk hee nàndaa'ee. Aii chan van vęę gòo'ąįį ts'à' tsił gwànlįį aii zhah drin gwànlįį dą̀i' geełèe hihkhìt. Aii gwideetit chan tr'iinin nąįį naal'ìk gwiizhik traa iht'ìi.

CHAPTER 5

Great Horned Owl Creek

Then, saying that Arthur James had made a good suggestion, Steven and I went (down) there. And even once did I ask that his dogs carry me? No. Those dogs were in such poor shape they could hardly go. When it was warm we set traps for muskrat. We lived on the shore of a very big lake.

Meanwhile they said people were gathering in Fort Yukon for a celebration. That's when Arthur and his family left. He had good dogs, so it was possible for him to do this. At that time Scully, Dorothy and Jingàa were children and Arthur's wife was pregnant with Roland.

Then, saying that he was going (to Fort Yukon), Steven also left. This while I didn't even have any firewood! You see, I was naive and I thought he intended to come back right away. At that time Bessie was four years and three months old, and Hannah was two years and two months.

After I had spent two nights by myself, the one dog that I had with me heard some little thing.

There was a lot of dead wood, but it was lying way under the snow. As I was at the lakeshore, there were a lot of hard crusty snow drifts, and during the day I would shovel the snow away. In between doing that and checking on the children once in a while, I cut firewood.

Gwiizhik hee yeedąą ts'aii Peter William digii Walter hàa k'eełąįį gavaachak. It'ee geedan t'ee Gwichyaa Zheh gwats'à' gee'àl zhree. Peter k'idik gògwąhkhan łąą "Dinjii kwaii geedaajìi? nyaa. "Arthur ninghìt dąi' hee Gwichyaa Zheh gwats'à' hàandii," vàihnyaa. "Steven aii nihk'yàa gwats'à' hiljii?" shàhnyaa. "Akwaa," vàihnyaa, "adant'ee drin nèekwąįį gwanaa dąi' oonjì' hàazhii," vàihnyaa. Łyâa dinjii shòo dhidlìt kwaa. Lidii dhaa geenì' ts'à' Walter t'àhnyaa. "Yaaghà' nakhwalàk traa tsal vee k'eech'aroohtrìt tł'ęę neerahoo'òo," àhnyaa. Gwik'ìt t'igiizhik ts'à' t'ee yeenjì' gahà'òo. Izhìk łyâa geet'iindhan kwaa ts'à' t'ee, "Diihàa hìnhaii," shàhnyaa. Izhìk chan Steven gitr'ihee'ee yiihthan ts'à' kwaa vàihnyaa. Vadzaih nilįį chan shantl'èe gąhtsìt.

Gohch'it chan drin deetak ch'ìhłak łìhteegwindhat. Chan zhree shilìk yikii ts'à' chikìizhaa akhài' yeenii Yukon gwats'an Paul Kelly shee k'idik. Aii chan shòo dhidlìt kwaa. Shìh tsal yeelyaa nihdąąhjil aii hàa lidii dhaa eenì'. "Yeedak Peter William vatąįį vadzaih kahihshyàa shi'in," shàhnyaa. Aii chan zhree yeedàk zhree k'igwăanąįį. "Drin tik duulèe haljyaa," shàhnyaa.

Aii drin tik gwìndhàt tł'ęę chan k'ineełąįį yaachak. "Dôonch'yaa tth'aii hee dinjii kwaa," chan hee shòo neeholìt kwaa. Aii gwiteegwąąhch'yaa chan tr'agwaanduu gìginkhii t'agavàihnyaa. Aii chan, "Yeetthàn ninghìt kwaa tr'igwich'ii t'ôonch'yaa zhyąą shàa neehìndìi," shàhnyaa. Shêedlaa ts'à' "Sha'at vadzaih kaihshee ch'yąą tr'injaa veek'ineehałchik. Gwiizhik Steven chan k'inidik jì' chan va'at haajyaa," nyaa ts'à' shêedlaa. Tł'ęę t'ee vadzaih tthąi' shantl'ąhtsìt. Chan hee neeshôaakàt gàa akwaa vàihnyaa.

Aii gwats'an dǫǫ gwąąhaa gohch'it dee yeenii zhree neekwąįį nąįį tr'eełąįį yàatsit. Khan neegee'àl akwat Steven t'ii'in kwaa gàashandàii. Yeendaa ch'iitsii kak khik lidii tyąh doo'ąįį.

It was then (while I was struggling in this way) that I saw Peter William and his son Walter riding on their dogsled toward me from the south. They were going to Fort Yukon also. As soon as he arrived, Peter asked, "Where are all the men?" "Arthur and his family went to Fort Yukon a long time ago," I told him. "Is Steven out around here?" he said to me. "No," I told him. "He went up about two days ago himself." I say, this man really became distressed by my situation. They drank hot tea and then he said to Walter, "Let's quickly cut a little firewood for our relative here and then we'll go." They did that and then they started out. At the time he was really aggravated by my predicament and so he asked me to go along with them. Steven wouldn't like that either I thought and said no to him. They also gave me some caribou meat.

Finally one week passed. Then my dog barked again and when I stuck my head out I saw Paul Kelly arriving from the Yukon. He also was not happy about my situation. He brought in a little food that he was carrying and drank hot tea with it. "I'm going to go up on Peter William's trail for caribou," he said to me. Then he too disappeared up the way. "I'll be gone perhaps three days," he told me.

After the three days passed, he came back with the dogs, saying, "There are still no people; what could be the matter?" He again became aggravated by the situation. I mean to say that between the two of them (Peter William and Paul Kelly) they swore a lot! "We don't live very far from here, why don't you just leave here with me?" He was laughing at me as he said, "My wife is expecting me to bring back caribou, instead I'll deliver a woman to her! In the meanwhile if Steven should come back, his wife will be gone!" After this jiving he gave me some caribou meat. He asked me again, but I said no.

Four nights after that, at last two people came by dogsled upriver. They were going fast, so I knew it was not Steven. There was always a teapot on the stove.

K'ineełąįį gavaachak Peter William, Walter hàa t'igii'in łii. Łąįį dàngiłchaa ts'à' łąįį shìi chan nihdèeginlii tł'ęę zhree "Tth'aii hee nan zhrįį gwinch'įį łii," shàhnyaa. "Yeenii t'ee nakàį' needyaa t'ôonch'yaa," shàhnyaa. "Gwichyaa Zheh shrôonch'yaa łąą zhree gwats'an tr'eeroojyàa k'ìt t'ôonch'yaa kwaa," shàhnyaa. Izhìk dàį' t'ee Ellen, Abel Tritt yùunjik. April 1940 dàį'.

Vi'iidzee K'ǫǫ idirigwìlgǫ̀' ts'à' łuu hàajik tł'ęę gehnìn neeriinjil. Arthur vitr'ih chòo hàa. Nats'àa k'ǫǫ gwatsal tr'igwìn'èe deegoozhii gànaldàìi kwaa izhìk njaa tr'oohaak'ee ginyaa t'igii'in. Aii Teegwìilnąįį gagàhnyaa jì' gànaldàii kwaa.

Dats'an goaahk'ee tł'ęę t'ee zhree Arthur dats'an tr'ahgąįį gwiizhik oonjì' Gwichyaa Zheh gwats'à' tr'ihchoo hiłłit aii chan zhree hàa hàazhii Steven. Drin tik geenjit t'igii'in. Arthur jidìi t'ii'in dàį' nagol'in kwaa. Aii gwiizhik kwank'it tr'iilk'įį.

Drin gwiizhik zhree yeedįį teeghaii zhree tr'eekwaa. Akhài' zhree David Simple t'ii'in łii. Yeekìt Annie ts'à' zhree gwik'ìnzhii.

Drin tł'an gehndàa three o'clock gwàndàa zhree khan hee zhree David ch'ahdoo. Akhài' Yukon oondàa gwatł'an oonjìt zhree kii tsal khàiin'ee kak zhree vadzaih nàdhat t'ahnyaa łii. Jù' ch'ahdoo gohch'it zhree Annie zhree t'àshahnyaa, "Shijyàa, nan zhree oondàk Neets'ąįį indi' akwat vik'èegondaii jàghàii," shàhnyaa. Thirty-thirty hadhaltin zhyąą oonjì' oąąłk'èe akhài' dǒołk'ee gwik'it t'aanąįį. "Well din shijyàa," shàhnyaa. Łyâa shee tsin tèegwiilnąįį t'iihnyaa.

It'ee zhree David tr'ih tsal hàa yats'à' hàakwąįį. Tły'ah hàa oonii neeyąąhłìt ts'à' yeezhee teeghaii tèeyiłchįį izhìk niyił'aa. It'ee chan zhree nilįį lii tr'a'aa. Nan tsiik'ìt chan valàt gwizhìt rąhtsìt David chan ditsųų nąįį ts'à' neech'ihìłtsit.

It was Peter William and Walter whom the dogs were carrying toward me. They tied up the dogs and brought in the dog food, and then he said to me, "It looks like you're still living here alone. Your husband is coming up the way. While there is a celebration in Fort Yukon it's not as if one wants to leave there," he said to me.

At that time Abel Tritt married Ellen. That was in April 1940.

We spent the spring in *Vi' iidzee K' ǫǫ* and after the ice moved out we moved down a ways from there with Arthur's boat. They were going to hunt black ducks at a small creek whose name I don't recall. It may have been the place they call *T' eegwiilnǫii*.

After they shot the ducks and while we were drying the ducks, Arthur took the boat upriver to Fort Yukon and Steven went with him. They spent three days there. Whenever Arthur was doing something, he never waited around. Meanwhile we stayed at the campsite.

While it was still daylight someone came canoeing toward us close to shore. It turned out to be David Simple. He walked over to Annie's.

It must have been past mid-day, a little after three o'clock, when suddenly I heard David shooting his gun in rapid succession. As it turned out, there was a caribou standing on a small rocky knoll that protruded from what at low water would have been a sandbar, halfway across the Yukon. He shot and shot, and finally Annie said to me, "My friend, you were up north among the *Neets' ǫii*, why don't you give it a try?" I had a 30-30 so I just shot at it and it fell right where it stood! She said to me, "Well done, my friend!" I say, unexpected good fortune really came my way.

Then David paddled over to it in a canoe right away. He floated it over to us with a rope and dragged it onto the riverbank and butchered it there. Then once again we ate fresh meat. We also put some of it in the cellar, and David took some of it back to his grandmother.

Zhat tth'aii tr'igwich'įį gwiizhik zhat Ned Thomas daga'at hàa chan k'eegii'òo. Gògwąhkhan łąą Maria chihvyàa chiin'àt ts'à' łuk chan tr'a'aa. It'ee geedan chan Gwichyaa Zheh gwats'à' geedàa t'igii'in. Izhìk zhree Abel, Ellen hàa goohàa k'eegii'òo. Geedan chan tr'ihchoo tsal neegahahłak. Gwiizhik t'ee David James chan k'eetr'ihchoo ahłàk Deenduu gwats'an. Gwichyaa Zheh gwats'à' t'igii'in.

It'ee zhree Arthur oonjì' gahàajil ts'à' diikhwan aii Abel vàa oonjì' tr'ahàajil engine tsal t'agah'in akwat. Gwichyaa Zheh geeneedìt juu tsal nehshrit k'eeriidàl.

Gwiizhik Steven engine hàa hatrak ts'à' gohch'it zhyąą Abel oonjì' hàakwaii ts'à' David James danankàt tr'ihchoo iłłìt. Aii k'ìighai' t'ee Gwichyaa Zheh k'eeriidàl.

Izhìk dąį' tth'aii hee oodì' zheh gòodlii. Chief Esias vizheh geeghaii zheh gwadhàh gwanàrąh'ee. Akhài' chan gehzhee zheh hee tł'ęę tr'igwich'įį. Izhìk t'ee khaiits'à' shigii Paul vigwihèelyàa zhree.

While we were still living there, Ned Thomas and his wife also arrived. As soon as they set up camp, Maria set out her fishnet and then we also ate fish. They were also going to Fort Yukon at that time. It was then that Abel and Ellen arrived with them. They also had a woman's canoe with a small engine.[1] Meanwhile, David James also came in a boat with a small engine from *Deenduu*. They were going to Fort Yukon.

Well then, Arthur's family left and we went with Abel as they all had small engines. It took quite a long time. We barely got to a small island down from Fort Yukon.

While Steven kept pulling on the starter cord of the little engine, Abel finally just paddled across. David James came to get us with his boat. It was with his help that we arrived in Fort Yukon.

At that time the houses were still down at the old village. We set up a tent beside Chief Esias Loola's house. Then we started living in the house again. That fall my son Paul was born.

---

1. A large canvas-covered canoe, 14-17 feet long and about 3 feet wide with a 15-horsepower engine.

CHAPTER 6

Gwichyaa Zheh

June gwiizhik t'igwii'in. Aii shin datthak Gwichyaa Zheh gwirich'įį. Zhat dąį' Old Crow gwats'an oonii nìneegiidàl. Gwilin Eunice Carney vahan Eliza Ben shàa indì'. Old Crow gwats'an tr'ihchoo tinèelak dąį' nilįį gąih shantł'àhchak.

Aii June ihtł'ee goodhat tł'ęę Fourth of July neegahahtsyàa gwats'à' t'ee shoondee Chief Esias ts'iginyaa ts'à' tr'il chigiin'ąįį. Chigiyin'ąįį tł'ęę t'ee łuk vizhìnjil. Aii chan jidìi tsal ts'à' khagiyidint'uu gwitèegiłtsìt. Tr'ookìt tr'il zhìt łuk t'aadhàk dąį' jyàa dìgìi'in.

Aiitł'ęę Fourth of July zhìt Bishop Trimble Rowe shìh gwats'an iłtsąįį aii hàa łuk choo dizhìnjil hàa t'ee vikeech'igiłch'yàa. Gwintsii khaiinkǫǫ shìh gwats'an iłtsąįį t'àihnyaa. It'ee digwitr'ìt ts'an neehaazhìi geenjit.

Gwichyaa Zheh dąįį hee nihk'yàa gwich'in nąįį nineedàl. Draanjik, Ch'ôonjik Deenduu, Shoo, Venetie, Circle jii gwich'in nąįį datthak łàneegaadàl. Aii nąįį datthak gii shìh in'àl. Geetak chan gwinee'òk gwich'in nąįį chan. Datthak chan kwaiitryah tsoo hee zhàngaa'yùu, it'ee Gwichyaa Zheh teegadàl ts'à' nihtee neegihiidàl. Aii Fourth of July gwataa gwahadhak ts'à' t'ee nihk'yàa chan nèegihiidàl.

CHAPTER 6

Fort Yukon

We did this in June. All that summer we lived at Fort Yukon. At that time people came and went from Old Crow. Eunice Carney's mother Eliza Ben stayed with me on many occasions. When the boat came in from Old Crow, she gave me dried meat.

After June passed, we would have the Fourth of July, and then my older brother, John Steven, helped Chief Esias to set up a fishwheel. After they set it, the fish went in. They cut that fish into little pieces and gave some to everyone. This is what they did with the first fish catch in the fishwheel.

After that, on the Fourth of July, Bishop Trimble Rowe donated some food, and with that and the salmon that went in the fishwheel they made a potlatch. It was the last time that he donated food and I say he gave a lot of it! It was because he was departing to rest from his life's work.

During the early spring, the people dwelling in the vicinity came to Fort Yukon. All the people of *Draanjik, Ch'ôonjik, Deenduu, Shoo,* Venetie and Circle gathered on this occasion. All these people partook of his meal. There were people from some other places too. All of them wore new moccasins and walked around Fort Yukon mingling with one another. The Fourth of July passed and they went off in their separate directions.

Chief Esias Loola aii tr'il dak gwich'ì̜i̜ aii chan jùu vàa goihch'ì̜' yuunyaa chan yàa gwich'ì̜i̜. Izhìk shin 1940 tr'iinin shi'yàa ts'à' Gwichyaa Zheh tr'igwich'ii. Dinjii shrinilii chan kwaa iłts'ik k'ą̜ą̜htii zhri̜i̜ zhat iłts'ik zheh dhidii. Shakà̜i̜' gwànlį̜i̜ gàa oonii neeshagą̜ą̜'ìk tr'il dak gwats'an. Sheenjit worry ginlį̜i̜ dǫhłii. Shin datthak tr'il dak gogwich'į̜i̜ łuk gahgą̜i̜i̜.

Gohch'it it'ee oonii neegiheedàa nigwindhat gwiizhik it'ee dhałts'ik nàgwaaną̜i̜i̜. August 31 gwiizhik łą̜ą̜ Paul vagwànlį̜i̜. Aii Chief Esias vizheh gwizhìt t'ee vagwànlį̜i̜. Aii nurse t'àihnyaa chants'à' nich'it oondee iłts'ik zheh gwitr'it t'agwah'in chan yits'ìnyaa.

Drin gwitee gwą̜ą̜hch'yaa łą̜ą̜ neeshagą̜ą̜'ìk vành, drin tł'an, khàa hàa shìh chan shintł'ee gahchak. Gwach'àa tłìk lę̜i̜i̜ chan shats'an iłtsą̜i̜i̜. Khan hee ch'ìhłan vành zhree aii nich'it nèekwą̜i̜i̜ ną̜i̜i̜ chehk'ìt gwadhàh zhìt k'eich'ii vatł'an dàhochaa nèekwą̜i̜i̜ nihdèe ginghwą̜i̜i̜. Aii temperature shiyèe neegatthak eenjit gàa tr'iilèe t'igii'in.

Izhìk zhree Bessie, Hannah hàa łyâa gintsàl. Gwiizhik ninghùk ałts'ik ts'à' neehihshyaa gàa sheegògwàntrii. Izhìk khàa zhree nurse sheenìnidii. Zhree t'ashàhnyaa, "Nakà̜i̜' daajìi dèe khik nał'in kwaa," shàhnyaa. "Dzaa dhidii gàa t'inch'yaa," vàihnyaa. Shòaahkàt googàa vàa gwaldak kwaa. "Gwitr'it t'agwah'in?" shàhnyaa zhyą̜ą̜ aaha' vàihnyaa. It'ee gwak'ą̜ą̜htìi choo hàa gwahaandak eenjit t'inyaa. Chų̜ų̜ sheeghaii nàhakak dą̜i̜' datthak chan chų̜ų̜ kwaa ts'à' shòaahkat zhree t'àihnyaa.

Izhìk ch'ìhłan vành zhree aii nich'it ch'ìhłak oonaa shi-temperature nooheendal eenjit shee nìhee. Tł'ę̜ę̜ zhree oondàk neehoozhii. Ninghìt kwaa ts'à' gwint'aii dazhàk ts'à' shòaahkat "Neenjit dôonch'yaa?" shàhnyaa. "Sheenjit gwinzį̜i̜," vàihnyaa. Chan googàa shi-temperature nôonjik. Tł'ę̜ę̜ zhree t'ashàhnyaa nich'it oondàk neezhii ni-temperature 106 łą̜ą̜ nilį̜i̜. Dzaa gwahaał'yàa gwehkà̜i̜

Chief Esias Loola lived by the fishwheel, and whoever wanted to live with him lived there too. That summer of 1940 I was going to have a baby so we lived in Fort Yukon. There was no doctor, only a nurse living at the hospital. My husband was there, but they kept coming from the fishwheel to see me. They were probably worried about me. All summer they lived by the wheel drying fish.

Finally when it was time for them to come back, I went into labor. On August 31 Paul was born. He was born in Chief Esias's house. The nurse I mentioned had a young woman who helped her work in the hospital.

Every day they came to see me, and they also gave me food in the morning, noon, and evening. She also gave me a lot of used clothing. Suddenly one morning those two young women came hurrying in carrying something wrapped in two bedspreads.[1] They stuck a thermometer in my mouth, but it was in vain.

At the time Bessie and Hannah were little ones. I was in labor for so long it became hard for me to walk. That evening the nurse came back again. Then she said to me, "Where is your husband? I never see him." "Even so, he is here," I said to her. Although she questioned me, I didn't tell her about our (domestic) situation. "Does he work?" she said to me. I just said yes. She did this to make a report to the judge. She asked me all these questions after she went to set water beside me and there was none.

Then one morning the young woman came to me to take my temperature. After that she went back up. It was not long before the nurse came in panting. "How do you feel?" she asked me. "I feel fine," I said. But she took my temperature again anyway. Then she told me that when the young lady went back (to the hospital) my temperature was 106! "I thought for sure you'd be gone before I could get here,"

1. It was used clothing to be used for cleaning.

gàa nigwihèhkwaa yiihthan," nyaa. "Oonaa datthak łąą nalgìk," shàhnyaa. Akhài' zhree aii temperature oodee vinjyaa'yàa eeghaii dootin nihdèe shreen'aii hàa nindhaa dhidlìt łii.

Sheenjit gwinzįį gwiizhik t'ee shiyèhghàn nąįį tr'il dak gwats'an oonii nèegiijil. Oonjì' gwigwich'ii aii datthak łąą goozheh tr'igwinch'ì'. Aiitł'ęę t'ee tent frame gwizhìt tr'igwich'ii.

Izhìk Drin Choo deetaa gwahâadhàt tł'ęę flu goodlìt dinjii datthak łąą iłts'ik. Gwiizhik shįį aii tth'aii dhałts'ik kwaa. Izhìk t'ee Martha James tr'iinin di'įį nurse vits'ìhnyaa. Aiitł'ęę chan Margaret Kelly chan tr'iinin di'įį izhìk chan nurse vits'ìinyà' 1941 dąį'. Aiitł'ęę nìhkàa it'ee dhałts'ik ts'à' heekìsha'ąįį kwaa. Aii dhałts'ik gwiizhik chan Myra Francis chan shee nàch'ah'ee. Frankie vagwànłįį gàa aiitł'ęę veenjit gwîizuu łįį. Gàa łyâa oondàa hìhshyaa sheenjit gwîizuu ts'à' nał'yà' kwaa. Izhìk t'ee George Tritt ąhts'ìk veenjit gwinzįį ts'à' giveenjit dôonch'yaa lì' diinôonyaa ts'à' dineenìhee.

Shìh chan akhoiihnyaa ts'à' dhiichįį gwizhrįį t'ihch'yaa. Shigii Paul four months old zhrįį nilįį aii chan iłts'ik zheh nagąąhchįį. Khaiinjii vakwàa gàa izhìk iłts'ik zheh indì' ts'à' veenjit gwinzįį.

Aii George Tritt dineenìhee zhree Steven t'ahnyaa łii. "Milk ch'ityah ch'ìhłak eenì' jì' veenjit gwiheezyàa," shàhnyaa łii. Milk dizheh kàneehozhìi ts'à' tr'eeshagąąhthat ts'à' chųų nindhaa hàa shigiyahnì'. Aii zhree vineedhalkwaii kwaa. It'ee zhat gwats'an sheenjit gwiheezyàa łii ts'à' zhree.

Aii Myra chan it'ee veenjit gwinzįį ts'à' t'ee vakàį' David oonjì' Tły'ahdik gwats'à' neegahòo'oo łii. Izhìk t'ee David oonjì' nakhwàa neeriheedàa ahnyaa łii Steven zhree. "David oonii ninidii jì' vàa neeriheedàa," zhree nyaa.

she said. "I ran all the way down!" But it seemed that the thermometer had been sitting by the window and had become hot with the sun shining on it.

My parents came back from the fishwheel when I was feeling better again. We lived in their house the whole time they were up there. After that we lived in a tent frame.[2]

After New Year's passed, the flu came around and all the people were sick. But I wasn't sick yet. When Martha James had her child, I helped the nurse. Later, when Margaret Kelly had her child, I helped the nurse again. That was in 1941. The day after that I became sick and I didn't get up. While I was sick (in this way), Myra sent someone to fetch me. Frankie had been born, but after that she didn't feel well. But I was too sick to walk there, so I didn't see her. Then George Tritt, who had been sick but had recovered, wondered how we were doing and came to visit us.

I stopped eating food and did nothing but sleep. My child Paul was only four months old and they took him to the hospital. He almost died, but after his stay in the hospital he was fine.

When that George Tritt came to visit us, he apparently said of me to Steven, "If she drinks one can of milk, she will get better." He went to get milk from his house, and they woke me up and had me drink it with hot water. I didn't vomit it up. From that time on it was high time for me to be on the mend, you see.

Apparently, as soon as Myra was well she and her husband David made haste to *Tł'yahdik*. At the time Steven had evidently told David that we would go there with them. He stated that, as a matter of fact, "If David comes back, we'll leave with him."

---

2. The tent frame is made of lumber and the tent is draped over it.

CHAPTER 7

Jalgiitsik, Tł'yahdik Hàa

Tł'ęę t'ee March 1942 nan gwiizhik David k'inidik akhài' chan dhałts'ik nyaa. "David vàa neehìndii," shàhnyaa. It'ee chan łąįį k'àn nąįį tł'yah diilii ts'à' tr'iinin tik nąįį chan gwizhìilii ts'à' oonjì' vatąįį łąįį ihłyaa. David łyâa vilìk nizįį t'aràhnyaa. Oonjì' ndaa nihłik hee nashòl'in. Gohch'it hee Jalgiitsik gwats'à' t'ee chałdak gwìch'in zhree hiljii.

Tǫǫ oozhrii chan adrii gwiizhik chan drin ch'idinghìt. Gohch'it zhree van chan ti'ehjik k'it t'ôonch'yaa zhree gihtreiizhii gwiizhik ahtr'aii. Oondàa gwaał'in akhai' zhree chuuluu nihtree'èe nijùk hihshyaa gàashandàii kwaa. Łąįį nàdoiilii ts'à' chuuluu gwinzįį nał'ìn akhai' zhree nijìn ts'ąįį łąįį kwai' k'eejìt k'it t'ôonch'yaa ts'ąįį hoiizhii. Gwintł'òo ahtr'aii chan nijùk ihshyaa gàashandàii kwaa. Gwehkii chan tth'aii gwaał'in kwaa. Googàa t'ee nihk'ìt ihshyaa.

Paul aii seven months old nilįį t'ee cheendak ts'à' itree. Hannah aii three years old. Bessie aii five years two months old nilįį. Akhai' t'ee łyą̂ą chashandak gwiizhik zheh gwadhàh gwinìn'ee ts'à' tr'iizhii. Dinjii khyą̀h iłdlii t'ôonch'yaa gwìch'in yiihthan. It'ee łyą̂ą chishandak akǫh dzaa hįįshàa yiihthan.

Nihdêiizhii akhai' traa tsal nèerahaahk'yàa zhrįį gwizhìt. Aii dǒołk'in ts'à' tyą̀h zhìt chan zhah deedhiilii ts'à' Bessie aii dzaa nachaa nijùu hàa gavàa dhindii

72

CHAPTER 7

Chalkyitsik and Tł'yahdik

Later in March 1942 David returned, but Steven said he was sick. "You leave with David," he told me. So then I harnessed up those poor dogs, put the three children in the sled and followed him by dog team. I mean to say that David's dogs were really good! Every now and then he waited for me on the way up. Finally near *Jalgiitsik* I think he got exasperated and he was gone.

The moon was shining (on the snow) and gave the luster of daylight all around. The wind was blowing when I finally came to a lake that looked like a back channel to a river. I looked up ahead and saw that the trail divided and I had no idea which trail to take. I stopped the dogs and took a good look at the trail and, of course, I took the trail with the freshest dog tracks. It was very windy and I didn't know where I was going. I was never here before. In spite of that I kept going.

Paul, who was seven months old, became tired and began to cry. Hannah was three years old. Bessie was five years and two months old. Finally when I was totally exhausted I came upon an empty erected tent. Perhaps it is a man out trapping, I thought. I was so exhausted that I thought, "Enough already! I'm going to spend the night here."

I went in and there was a little wood to start a fire inside. I lit the fire and put snow on the stove in a bucket, and I told Bessie to stay there with her younger vàihnyaa. Traa keegwahaał'yàa eenjit gwiizhik t'ee łyą̀ neech'a'aii. Aii chan aih ishi'įį kwaa ts'à' traa kaneezhaahiihjuu. Traa chan ts'à' ninghìt. Gwiizhik chan tr'iinin nąįį chan eeninjỳaał'ee. Googàa t'ee traa oodhiinjìk ts'à' chan ihjil. Łąįį chan gooch'ał'àl ts'à' it'ee nihdêiizhii. Tr'iinin gooch'ał'àl ts'à' gwîindhaa hee chagaajil àkwat khan gįįłchų̀ų.

Ch'iitsii nìndhaa ts'à' dhiidii ts'à' lidii dhaa shinii. Nìhkàa deeshi'yàa lì' yiihthan. Gwiizhik yee'àt łąįį zhrį̀' nąįį gwintsàl giyikii. Zheh gwadhàh dą̀įį chikŷaał'èe akhai' yeedįį niizhii ts'aii tr'ałąįį diinàatsit. Yeendàa chų̀ų dhaa dadhałkà̀įį. Dinjii dikhyą̀h tee needyaa t'igwii'in yiihthan.

Yee'àt nał'ąįį yàatsit ts'à' łąįį giłchaa àkwat łą̀ą geeshoolii kwaa. Nihdêiinzhii akhai' zhree Irvin John Sr. zhree t'ii'in łii. Gwiizuu gìnkhii ts'à' "Dèegwits'inch'yàa?" shàhnyaa. "Shàa tr'igwêendaii t'ôonch'yaa," vàihnyaa. "Nakà̀į' ijìi?" shàhnyaa. "Gwichyaa Zheh iłts'ik ts'à' veełèe hoizhii," vàihnyaa. "David Francis vàa neihdyaa akhai' shilìk khyu' a'al ts'à' daajìi vàashandàii kwaa," vàihnyaa. "Yeendee ninghìt kwaa Jalgiitsik gòo'ąįį t'ôonch'yaa," shàhnyaa. "Izhìk gwats'à' shàa neehìndii," shàhnyaa akhai' akwaa vàihnyaa. "Tr'iinin nąįį chagaajil gwinzįį gahahchų̀ų," vàihnyaa. Jidìi shìh tsal njaa yaa'į̀ chan tr'iinin nąįį eenjit yàhnyaa chan shintł'ìnłii.

Neehòozhii tł'ę̀ę ninghùk gwahaadhat kwaa ts'à' t'ee chan hee shilìk giyikii. Chan deegwii'ìn David shankànidii t'igwii'in łii. "Yeendee ninghìt kwaa googàa oondàk shàa neehìndii," shàhnyaa. Gwintł'òo geet'iihthan kwaa googàa tr'iinin nąįį needhiitł'įį ts'à' dadachaavàl zhìt givinlii. Dachaavał ghyah hàa vatąįį neełąįį shihìltsit. Chaadrih nyàa łąįį gwint'aii a'al shàa oo'òk gwahats'àk dą̀į' gwats'an tr'it'eehâaldhal gwits'ì' gwak'àałtii.

Oondee k'eeriidàl ts'à' t'ee juu vizheh nihdêiizhii gànaldàii kwaa. Łąįį brother and sister. The sun rose just as I was about to look for wood. I had no snowshoes, so I waded around in the snow looking for firewood. The wood was a long way off! All the while I worried about the children. I gathered wood anyway and chopped it up. I fed the dogs and finally came in. I fed the children and they fell asleep right away as they had been running and playing in the warm tent.

I sat by the hot stove and drank hot tea. "I wonder what I'll do tomorrow," I thought. Just then those poor dogs let out a few barks. I stuck my head out of the tent flaps and, as it were, someone was coming up the trail I had used by dog team. I had hot water on the stove. I thought, it's the man who was out on his trapline.

The team came there and he tied up the dogs; he certainly didn't expect me. He came in and turned out to be Irvin John Sr. He swore and said to me, "What are you doing here?" "I'm lost," I told him. "Where is your husband?" he asked. "He's sick at Fort Yukon and I left him there," I replied. "I was going with David Francis, but my dogs couldn't go fast, and I don't know where he is," I said to him. "*Jalgiitsik* is just a little ways to the north," he told me. "Come there with me," he said, but I said no. "The children wore themselves out and will sleep well," I told him. He had a little trail food and, saying that it was for the children, he gave it to me.

After he left, not much time passed before my dogs barked again. And now what was happening? It was David come back to get me, as it were. He said to me, "It's not that far off; come back with me anyway." I was loathe to do it, but even so I dressed the children and put them in his toboggan. The dog team whisked me along after him in an empty toboggan. Now in the light of the moon those dogs were going so fast that every time we came upon a curve on the trail it was all I could do not to be flung off!

We arrived up there, and I don't recall whose house I went into. We camped neerahshìi eenjit chan neegwąąhdyàa izhìk Jalgiitsik. Aii Jalgiitsik lęįi nąįi jyaa dihee'yàa shagoonyaa kwaa łii.

Aiitł'ęę nìhkàa vành dąį' hee oonjì' Tł'yahdik gwats'à' sheevan neehòozhii. Zhat viyèhghàn nąįi Francis, Bella hàa gwìgwich'įi. Myra chan vigii two months old nilįi aii t'ee Frankie.

Zhat tr'iinin k'alzhik ts'à' gehndaa April nàn gwiizhik it'ee gwiizuu gwiheelyàa gwehkįi it'ee chan oodì' Gwichyaa Zheh hee Steven vankee neegwahaal'yàa chan gòo'ąįi. Chan hee tr'iinin nąįi dachaaval zhìt neiilii ts'à' Simon Francis izhìk dąį' łyâa young nilįi seventeen nilįi dǫhłìi. Aii chan vahan Jalgiitsik gwats'à' shàa neeyihìł'è'. David Francis dinjii khanàandaii nilįi dùuyèe geenjit gokwaa t'ǫǫhłii nihee t'inch'yaa, ts'à' Simon aii shàa hàazhii. Sheedlàa ehdan hee shàa hàazhii.

Jalgiitsik gwats'an t'ee shąhzhrįi neehihdyaa t'ishi'in. Łyâa Gwichyaa Zheh gwats'à' ninghìt gànaldàii ts'à' t'ee vành dąį' six o'clock hee neehòoshizhii. Shreenyàa t'ôonch'yaa àkwat k'iidì' geh chan ôaałk'ee. Sha'àii kwaa googàa geh dałk'ee dąį' veenàzhaa'ihjuu. Gwiindhaa ts'à' shagwach'àa nilzhroo. Gwichyaa Zheh khàa nine o'clock łąą k'eihdik. Gwintl'òo chashandak łąįi gwats'an tr'ihihłyaa googàa geenjit chashandak. David Frank aii dizheh dhidii łii aii tr'iinin nąįi nihdêiinlii ts'à' łąįi chan ach'ąh'àl.

Gwiizhik Steven dhałts'ik nyaa ch'yąą zhree hiljii. Vadałtree tǫhtł'an gehndàa hee zhree nihdìneezhii akhai' zhree k'ineihdik łii ts'à' gwizhrįi.

David Frank łyâa khan geh iłvir ch'yąą t'aihnyaa.

Gwats'an ninghìt kwaa ts'à' t'ee oonjì' neerahòondii. Tł'yahdik gavàa idirigwilgǫ' gwintł'òo Francis, Bella hàa gwinzįi diik'èe giiłtįi ch'yąą t'iihnyaa. Dzan keeshi'in geet'iihthan ch'yąą nành gàashandàii kwaa ts'à' tr'iinin zhrįi there at *Jalgiitsik* to rest the dogs. There were many in *Jalgiitsik* who did not expect that I could do these things.

Then the first thing in the morning, with him (David) in the lead, we set off for *Tł'yahdik*. His parents Francis and Bella were living there. Myra was there also with her two-month-old child. That was Frankie.

I arrived with the children and the next month, in April, before traveling conditions got bad, I was expected to go back to Fort Yukon to see about Steven. I packed up the children in the toboggan again. Simon Francis was very young at that time, perhaps seventeen. And it was Simon who went with me to *Jalgiitsik* at his mother's bidding. David Francis was an industrious man who always made a good living. There was no way he could just up and leave, so Simon went with me. He went with me, but not without a great deal of jiving and laughter.

I was going to go on alone from *Jalgiitsik*. I remembered that it was a very long way to Fort Yukon, so I started out very early, about six o'clock in the morning. It was spring and on the way down I shot a few rabbits. I had no snowshoes, but still I shot rabbits and waded through the snow for them. It was warm and my clothing got damp. I arrived in Fort Yukon at nine o'clock in the evening. I was so tired I couldn't even take the harnesses off the dogs. David Frank was at his house, and he brought in the children and fed the dogs.

Meanwhile, Steven, who had told me he was sick, was gone. I cried because of him, and after midnight he came in; well, I had gotten back, apparently, and that was that!

I mean to say, at the time David Frank really boiled up those rabbits fast!

A short time after that we moved back up. We spent the spring thaw with them at *Tł'yahdik*. I tell you that Francis and Bella were very thoughtful and took good care of us! I used to like to hunt for muskrat, but I didn't know that country,

k'aałtii. Łuu hàajik ts'à' t'ee zhree Gwichyaa Zheh gwats'à' nihts'ee rinjil. Yaa gwidì' Grafỳ gàgàhnyaa izhìk teeraajil. Łuk chihvyàa hàa keegihee'yàa eenjit zhree drin deetak ch'ìhłak. Akhai' chan zhat dinjik diits'à' kìinzhii chan giiłk'ee. Gwats'an di' nìhłik hee teeradàl Gwichyaa Zheh gwats'à'. It'ee Gwichyaa Zhee keeriidàl.

so I just took care of the children. The ice went out and then we all went to Fort Yukon by boat. Farther downriver at the place they call Grafy we disembarked. They intended to fish with a fishnet for one week. And then a moose came out by us and they shot that. From there we made only a few short stops to Fort Yukon. Then we arrived at Fort Yukon.

CHAPTER 8

Khiinjik Gwìts'èerohòojìl

Zhat khaiits'à' t'ee Khiinjik gwik'eeriijil Khiinjik zheh gòodlii gwats'à'. Gwintsàl hàn chųų nint'aii t'agwaràhnyaa. Dahtsii kwaii chųų eeniinjat. Drindàhahdląįį hee chan tr'ihchoo hàa khatł'yaach'aradàl ts'à' diilàt nąįį chan tòh hàa tr'ihchoo ineech'ahatthàk. Yeezhòk cheh chan dachan gwànlįį.

Zhat dąį' t'ee Roland Lord diihàa tr'ihchoo oondàk niłłit tr'iilee chan naazhrìi ts'à' t'ii'in. Izhìk t'ee Elijah Henry daga'at Mary digigii nąįį hàa geedan t'ee khagaajil. Chan hee nihts'ineegiijil gwiizhik Mary zhrįį diihàa zhat gwich'įį łyâa dinjii kwaa.

Izhìk zhree Steven aii yeendàk gwahaał'yàa nyaa. One hour googàa kwaa ts'à' zhree yeendee dinjik doołk'ee gàa chųų zhìt t'aanąįį nyaa. It'ee zhree Mary Henry chan diihàa neehòozhii ts'à' vits'èerahòojil. Nehshrit łąą chųų zhìt kharinluu, dinjik khaiits'à' naak'ìi t'inch'yaa àkwat nidìi.

Tł'ęę t'ee dinjii khehłan nìneejil. It'ee chan yeedàk Vak'at Daraadii kak vadzaih keerahàandii. Izhìk gwà'àn vadzaih eenjit gwirich'įį. It'ee khaii gwiyeet'ìi gweedhaa ts'à' t'igwii'in. Zhat gwa'an vadzaih keeree'yà' tł'ęę oodąą neeriijil.

Akhai' chan October nan gwiizhik han chan vadzaih nàh'òo. Izhìk it'ee

CHAPTER 8

The Trip Back to Salmon River

That fall we went up the *Khiinjik* to the place on the *Khiinjik* where there are houses. Anyone who's seen it can tell you the river current is powerful! Water was rushing over driftwood logjams. Wherever there was a cascade we all got out and pulled the boat with a rope, and whoever was not pulling was pushing the boat along with a pole and guiding it. There were even trees buried in the river bottom.

At the time Roland Lord went up with us by riverboat and, as usual, he also intended to hunt. And Elijah Henry, his wife Mary, and their children came up with us too. They (Roland and Elijah and his children) left again; meanwhile, only Mary was living there with us and there were no other people.

At the time Steven said, "I'll look around up that way." In less than an hour, he returned, saying, "I shot a moose up there, but it fell in the water." Well then, Mary Henry came with us and we all went to the kill. We just barely dragged it out of the water. It was a fat fall moose and therefore very heavy.

After that the people gathered in one place. Then we moved up on *Vak' at Daraadii* looking for caribou. We lived around there in search of caribou. Now we were doing this because winter was falling upon us. After we hunted caribou around there, we traveled back down.

Then in the month of October, the caribou crossed the river. The ground gwîink'oo ts'à' oo'ęę neegiyaazhik. Tł'ęę t'ee nihk'yàa hee khyąh t'agah'in khaii datthak. Zhat 1942 Drin Choo zhìt tr'aak'į.

Izhìk January gwats'an t'ee tr'iinin nąįį eenjit school ałtsii. Gwehkii dąį' Ellen geech'oąąhtan akhài' dakąi' ts'eehòozhii Jalgiitsik gwa'an hee t'iginch'yaa. Khaii datthak tr'iinin gwâałtan sharagookwàt kwaa gàa dinjii datthak traa sheenjit nôondak shìh chan hàa shik'èegąąhtii. Neerihiinjik dąį' googàa geech'ǫąąltan. Izhìk chan Steven hiljii dąį' chan shits'ìginyaa. Esias James łyâa vigii gàaheendàii eenjit gwintł'òo gwitr'it t'agwa'yà' t'inch'yaa. Ànts'à' datthak jyàa diginch'yaa. Gabriel dinjii traa ilil gwideeit googàa nijìn traa kinidìk dąį' yee'àt shadąįį traa nìiluu. Aii jyàa dagwątł'oo dinjii vigii gàaheendàii eenjit dinjiighit gwik'ìt googwitr'ìt gwinlì'. Jùk jidìi datthak eech'ôąąhtan gwik'ìt geech'ǫąąltan kwaa googàa gwintsàl jùk gwàndaa gwat'agąąch'yaa.

Aii 1942 khaiits'à' diikhwan Isaac Tritt va'at kwaa Esias James nąįį hàa zhrįį Khiinjik gwirich'įį. Izhìk shin t'ee zheh gwintsìi dinjii datthak shee gwìltsąįį. Aii Jonas Henry chan Isaac Tritt hàa gwich'įį gèegiyôąąhtan eenjit.

Zhat khaii November nan tsyaa tsal shi'įį. Calvin Joseph oaazhii. Martha James zhrįį tr'injaa nilįį aii yihiłchįį. Akhai' dinjii datthak Vashrąįį K'ǫǫ nijyàa gwiizhik shàa vakwàa jidìi whooping cough giyàhnyaa hàa vakwàa. Zhat t'ee oonaa neegiijil hee shitsųų Soozun oonaa k'ìdik shàa gwich'įį. Gwiizhik t'ee shizheh gwizhìt Isaac Tritt yak'àa ginhè'. Aii kwànk'it hee traa hàa gàa shik'èegąąhtii. Shat'àii kwaa gòodlìt ts'à' vatth'ank'ìt gàa noiizhii kwaa.

Izhìk hee shitsųų Soozun shàa gwâandak tr'igwidìi gwich'in shoonyaa ts'à' t'inyaa gwiizhik chan gwąą'yà' t'agwàhnyaa. "Shigii nąįį tsyaa nąįį zhrįį nich'it tik nąįį gavàa. Tsyaa nąįį datthak dinjii choo gaadlìt ts'à' shizheh jidìi was now frozen and they brought the meat back. After that they went trapping in their separate directions for the winter. We spent New Year's 1942 there.

From that January on I held school for the children. Before that Ellen taught school, but, as it were, she went back to her husband and they lived near *Jalgiitsik*. All winter I taught the children; no one paid me, but all the men got firewood for me and they also provided food for me. Even when we moved as a group I taught them. When Steven was away they also helped me. You see, Esias James did a lot of work to enable his children to acquire knowledge. And all the rest of them did this too. Whenever Gabriel went out to get wood he pulled a load into my front yard, even if it was in between the times when the men brought me wood. That's how much the people wanted their children to acquire knowledge and that's how much they worked for it. I didn't teach everything as it is taught these days, but still they use what they learned even now.

That fall of 1942 we were living at *Khiinjik* with Isaac Tritt, who had no wife, and the Esias James family. That summer all the men built a big house for me. And that Jonas Henry was living with Isaac Tritt so that he could be instructed.

That winter in November I had a little boy. He was named Calvin Joseph. Martha James, the only woman there, delivered him. But then while all the people were away at Arctic Village, he passed from me; he died of what they call whooping cough. When they came back then my mother-in-law Soozun arrived with them and she lived with me. Meanwhile Isaac Tritt said a prayer over him in my house. Even while they were gone they provided me with wood. I became weak and didn't even go to his burial site.

Then, thinking that I must be grieving, my mother-in-law Soozun spoke to me through her own experiences, saying, "Of all my children I had only boys along with three girls. All my boys became grown men and there was nothing lacking in

datthak eenjit gògwàntrii kwaa," nyaa. "Aiitł'ęę nihłik dinjii choo, nich'it choo dàknaatth'àk dąi' gwiteegwâahch'yaa shat'àii kwaa gwilìi," nyaa. Aii gàa gwintsìi.

Aiitł'ęę t'ee gehndaa neegwiidhat 1943 BIA gwintsàl shagoogookwàt. Sixty-eight dollar month dǫhłįi. Izhìk dąi' school zheh gokwàa nijùk neerihiidàl gwa'àn hee gèech'ôąąłtan.

Izhìk shin David Francis, "Nakhwàa Khiinjik gwits'ee hihdyaa," diinàhynaa ts'à' vats'à' nihts'eerinjil 1943 shin. Izhìk t'ee Yukon dì' hee tr'il chigiin'ąįi izhìk shin łuk keeree'yà'. Aiitł'ęę t'ee Khiinjik dàk July nan diihàa neetr'ihchoohìłłit.

Tsyaa tsal chan gii'ąį oondàk Dinii Zhoo t'ee diihàa nindhat. Gwintl'òo zhat khàa diihàa gogwidee'in t'igwinyaa ch'yąą. Oozhee tr'ihchoo zhìt tr'ąhchįi izhìk vęhdee teeghaii zheh gwadhàh ch'ok gwanał'ee. It'ee tr'iinin hàa ts'at t'eiizhii gwiizhik zhyąą zhik dehtthat gwats'an dats'an neenadal gwik'ìt ch'ihiiłtin. Yeękit tr'iinin êenjik gwats'à' gwikỳ'ąąhtin. Izhìk googàa geh'àn yinjìrintł'òo ch'yąą.

Aii chan shįi zhrįi gavàa neihdyaa. Steven aii David Frank hàa tr'ih choo thok neegahahłaa eenjit goots'ìi neerahòojil hee. Gwintsàl k'eiich'ii lęįi t'iihnyaa. Khiinjik shizheh gwizhìt łąą room gokwàa. Diik'eiich'i' David Frank vats'an David Francis vats'an kwaii hàa.

Izhìk Gwichyaa Zheh neerihiijyàa t'ee tr'injaa dink'ìshąhthat cancer hàa neeshrâahch'yàa iłts'ik zheh dhidii. Veełèehihshii gitr'ii'èe akhai' gwinzįi akoodàshahnyaa. "Nigii tsal nąįi k'ąąhtìi, shįi gwąąhkwaa sheenjit nìnjich'indhàt," shàhnyaa. "Khan, neehindii," shàhnyaa. Gwintl'òo shìhdàįi ch'aa'ąįi ts'à' veełèe neehòoshizhii.

my household. And then when they died, a grown man, a young woman, falling over a corpse, every time, I lost some of my strength," she said.[1] But it was a big thing.

And then the next year in 1943 the BIA paid me a little bit. Sixty-eight dollars a month, I guess. At that time there was no schoolhouse, so I taught wherever we went.

That summer David Francis told us, "I will go back to *Khiinjik* with you," and we went downriver to him in the summer of 1943. At that time they set up a fishwheel on the Yukon and we fished for the summer there. After that, in July, he went up the *Khiinjik* with us by boat.

They had a little boy, and up at *Dinii Zhoo* he died. I tell you we experienced a very amazing event that evening. We laid him in the moored boat, and I pitched my pointed tent just above on the riverbank. Then just as I was crawling under the blankets with my children I heard a noise as if a flock of ducks was landing right there out of the sky. The sound came from where the dead child lay. In spite of that, our minds were strong.

Only I was going back with them. Steven and David Frank were taking a boat back by themselves and we were going on ahead. I mean to say, there was no little bit of stuff; there was a lot of stuff! There was no room at all in my house at *Khiinjik*. There were our belongings, David Frank's and David Francis's along with them.

It was on this occasion that as we were leaving Fort Yukon, the woman who raised me was dying of cancer at the hospital. I didn't want to leave her but then she reasoned with me firmly. "You nurture and care for your little children. As for me, there is no reason for you to concern yourself," she said to me. "Quick, leave straight away!" I rose with a great lump in my throat as I took my leave of her.

---

1. This statement was made slowly with long pauses, marked here by commas. It was a great comfort to Katherine.

Aii David vigii vakwàa vàihnyaa tr'ookìt eight mile Gwichyaa Zheh gwats'an Ch'ôonjik hee vik'yâaljìk. Gàa zhree vitì' aii zhyąą t'inyaa shoonyaa dǫhłįį. Zhik jidìi t'ii'in aii izhìk gwizhrįį zhree geenjit vàgwandàii nint'aii. Aii oondee kheeriłchįį ts'à' gehdee tąih kak vanàraahnjìk shigii Calvin Joseph eeghaii giinąąhjik.

It'ee zhat khaii t'ee chan tr'iinin nąįį goohaałchyàa t'ishi'in. Aii BIA ts'an chan dęhtł'yaa kwaii gàa neereelyaa t'iihnyaa. Izhìk gwats'an khaii gwiteegwąąhch'yaa gèech'ôąąłtan. Khiinjik Zheh, Vashrąįį K'ǫǫ hàa łihteereenjyaa datthak gèech'ôąąłtan. Ndàa ts'à' James Gilbert, Gabriel Peter, Gilbert Joseph diihàa neegihiidàl school eenjit. Zhat Drin Tsal ts'à' chan Vashrąįį K'ǫǫ gwits'èe rahòojil.

Izhìk Drin Choo 1943 gwiizhik Isaac Tritt Naomi nôonjik. Izhìk shìh kwaa dąį' chan nihk'yàa neerihiinjik. Aii Drin Choo deetàa gwahàadhat ts'à' chan Khiinjik gwits'ee rahòojil. Diilàt nąįį Vashrąįį K'ǫǫ gwich'įį.

Izhìk than hee ginkhii Albert Tritt dineenjit gwilìi ąhndàl ch'yąą. Shìh kwaa ts'à' "Ch'oodzaa," nyaa, "ts'à' oondàa neets'eetł'yah hàa niłanlì' teegohtà' gwiizhik vadzaih aanąįį dòhnyaa," nyàa. Gwiizhik adan aii ch'iitsîidlii ach'aahłii t'inyaa. It'ee zhree deedanahnyaa vik'it t'igwii'in. Łyąą vadzaih kwaa googàa t'ee nihkaa Steven vadzaih inghan. Tł'ęę chan t'inyàa "Airplane keegǫǫhshìi," nyaa chan gwik'ìt t'igwinyaa. Chan airplane chan dinee k'eeniit'ee. "Dinjii chan keegǫǫhshìi," nyàa aii datthak vik'ìt t'igwinyaa. Aii zhree t'ôonch'yaa jùk oondee zhat nihk'yàa gwats'an dinjii gwich'įį.

Shin hee Khiinjik gwirich'įį kwaa zhat k'eiich'ii khaneeraazhik dąį' gwizhrii Gwichyaa Zheh gwats'an.

Izhìk oondee Vashrąįį K'ǫǫ chan ch'ìhłan shin yeendìt han dùhts'aii airplane deek'ìt tr'agohtsyaa nyaa. Albert Tritt t'inyaa. Tr'inlęįį kwaa ts'à' Gabriel

I was telling you about the death of David's child. I first noticed that he was dying eight miles from Fort Yukon on the Porcupine. But his father assumed that I was just saying that. He had a powerful life-force, yet he only used it for whatever he was doing. We brought his body back with us and buried him up yonder on a hill. They buried him beside my child Calvin Joseph.

Now that winter I was also going to teach the children. We even brought some books from the BIA. From then on I taught every winter. We moved back and forth between *Khiinjik Zheh* and Arctic Village and I taught through it all. Eventually James Gilbert, Gabriel Peter, and Gilbert Joseph were all moving around with us on account of the school.

That New Year's we went back to Arctic Village. It was there on New Year's Day that Isaac Tritt married Naomi; it was his second marriage. At the time, if we ran out of food we went our separate directions in our search for food. After New Year's we again moved back to *Khiinjik*. Some of us lived at Arctic Village.

It was here that preacher Albert Tritt alone made great efforts for us. There was no food and he said, "You guys dance, and while you're holding hands doing a reel, tell the caribou to come!" Meanwhile he played the fiddle, you see. Then we did as he bid us. Really, there were no caribou, yet the next day Steven killed caribou. After that on another occasion he said, "Send for an airplane," and we did that. And then an airplane flew up to us. "And send for men," he said, and all this we did as he bid us. And that's what you see up there now, people who have come from all over.

We didn't live on the *Khiinjik* during the summer, only when we brought things up from Fort Yukon.

Then one summer while we were in Arctic Village he said, "Let's make an airplane field across the river." Albert Tritt said this. There were not many of us,

Peter dizheh k'aa diikhwan Soozun Peter aii nąįį zhrįį it'ee chan oonìn neerinjil ts'à' k'aii kharinkil. Izhìk dąį' k'aii teegwintsìi kwaa. Nan chan nizįį gahtsii oonjìt zhat chan tr'igwiiłk'à' łyąą gwinzįį. Aiitł'ęę plane tsal zhat neenit'ee. Gwintł'òo diineevan hee gwilìi t'ii'in ch'yąą t'àihnyaa.

Izhìk t'ee geetàk hee sheenjit ch'idiintl'òo shàhnyaa. Izhìk t'ashàhnyaa "Jidìi gògwàntrii jì' gàa K'eegwaadhat diits'à' heenjyàa t'ôonch'yaa," shàhnyaa.

Khagidiinjii ehdan łąą k'eegwiich'yaa t'igwii'in kwaa. Jidìi t'igwii'in datthak geenjit khagidiinjii, tł'ęę gwizhrįį k'eegwiich'yaa t'igwii'in. Than t'ôonch'yaa àkwat airplane chan nihkhàn tr'ąąh'ìn kwaa. Googàa chan dinjii igwîinjìi kwaa ts'à' dineenjit gwinzįį.

1944 Khiinjik tr'igwich'įį khaii zhat datthak tr'ìgwich'įį. James Gilbert, Gilbert Joseph, Gabriel Peter aii datthak zhat t'iginch'yàa aii chan datthak gòozheh gwànlįį. Googii Naomi Isaac neeyùnjik ts'à' Khiinjik gogwich'įį. Izhìk gwiizhik ch'eeghàn gwànlįį Hitler nich'itsyahthat. Ootthàn Gwichyaa Zheh neegiidàl hee dink'ee kì' tyąh nèekwąįį zhrįį gwintl'èega'ak. Zhat Drin Choo zhìt diihàa tigwindhat.

Gwiizhik t'ee Vinìhtąįį hee gwats'an John Fredson dinjii datthak kèeginkhii łii. K'ahtsik gwich'in, Christian Village gwich'in, Vashrąįį K'ǫǫ gwich'in, Khiinjik gwich'įį nąįį datthak kèeginkhè'. It'ee zhree oodì' tr'ahàajil izhìk dąį' t'ee shigii Jean zhat February nan vagwànlįį. Drin deetit tik gwizhrįį vàa neegwâadhat gwiizhik t'ee aii tr'iinin tlòk tsal dachąąval zhìt rahchįį, ts'à' t'ee oodì' gavàa tr'ahàa'òo. Łąįį khan neehaa'òo kwaa googàa t'ee shant'ee dachąąval zhìt dhiidii. It'ee zhat drin gwiizhik Vinìhtąįį k'eeriheedàl gwiizhik gwiink'oo. Googàa t'ee tr'eedàa izhìk chan jidìi eenjit chan shats'à' ginkhii kwaa li' Steven. It'ee łąą Vinìhtąįį gehdee van choo kak gwats'an tr'iinin itree googàa stop ilìi kwaa. Gohch'it zhree tąįh kak k'iidaa gwiizhik k'ìdeegwaanąįį.

just Gabriel Peter's household, us, and Soozun Peter's family. Well then we went across and cut willows. At that time the willows were not very big. While they were clearing the land we built a fire, and it was wonderful! After that, small planes landed there. I tell you, he did many things in our presence.

Upon occasion he would ask me to write something for him. Then he would say to me, "Even in adversity, God will help us." He said this to me.

We did nothing at all without his praying. Whatever we did, he would pray for it. It was only after that that we set about our tasks. We were isolated and seldom saw an airplane. It was OK with us; no one was injured and we were all fine.

In 1944 we all lived at *Khiinjik* for the winter. James Gilbert, Gilbert Joseph, and Gabriel Peter lived there and they all had houses there. Since Isaac remarried their daughter Naomi, they also lived at *Khiinjik*. This was during the war when Hitler was the aggressor. Whenever people went to Fort Yukon to replenish their supplies they were limited to two boxes of rifle shells. We spent the New Year's there.

Meanwhile, from *Vinìhtąįi*, John Fredson summoned all the people. He summoned the residents of *K'ahtsik*, the residents of *Zheh Gwatsal*, all the residents of Arctic Village, and those living at *Khiinjik*; he sent for all of them! Well then we started out and at the time, you see, my child Jean was born that February. She was only three weeks old. Even so, we put that tender little child in the toboggan and we went along with them. The dogs weren't going fast but I also sat in the toboggan. Now on the day that we were scheduled to arrive in *Vinìhtąįi* it was cold. Even so we kept going and I don't know why he (Steven) wasn't speaking to me that day. Just as we arrived at the big lake above *Vinìhtąįi* the child began to cry, but she would not stop. Finally as we came down the hill (toward *Vinìhtąįi*) she quit crying.

Zhat dài' shee'ii nąįį tth'aii gogwandàii. Vinìhtąįį k'eeriidàl ts'à' t'ee diidachąąvàl igiinghaa. Izhìk zhree "Jii tr'iinin t'eelèe gwandàii t'inch'yaa lì'," jìhnyaa. Henry John vizheh gwadàįį zhree. Gògwąhkhan łąą John Fredson hàa googwâandak ts'à' shįį chan giyàashǒonjik ts'à' digizheh gwats'à' diigahàadlii. John zhree vàanòodlit k'ìt veegòo'ąįį t'inch'yaa àkwat nats'àa gook'èerǫǫhtì' diinàhnyaa gwik'ìt Jean diik'ąąhtii. Tr'iinin zhyąą neehiitlòǫ tth'aii shrìitąhthee jì' vigwihèhkwàa yàhnyaa John.

Izhìk t'ee nan neetł'yaa gihę̀ę̀khìl eenjit khehłan nineegiidàl. Zhat ginkhii Albert Tritt chųų yats'an iłts'ąįį John daga'at Jean hàa giyàa niin'oo. Meeting ehdàa tr'igiinjìk ts'à' t'ee nihk'yàa dinjii datthak neehòojil. Diikhwan t'ee oonjì' Khiinjik gwits'èerahòojil. Izhìk t'ee John diineenjit làraa bank nànaazhik ginyaa. Gwats'à' hee oondee Vashrąįį K'ǫǫ gwits'èerahòojil. Aii t'ee datthak nìhteerinjil ts'à' airplane hàa tr'injaa, tr'iinin gook'eiichì' hàa Vashrąįį K'ǫǫ gwits'èerahòojil. Dinjii nąįį aii łąįį hàa neegiheedàa t'igii'in. It'ee khehłan nìneeriijil ts'à' t'ee geech'ôąąłtan. Gwitł'ee khaiits'à' chan Khiinjik gwits'èe riheedàa t'igwii'in zhyąą łihk'ee rihiinjik gwizhrįį t'igwii'in.

At that time my uncles were still living. We arrived at *Vinihtąįį* and they gathered around our toboggan. Then pleading I asked, "I wonder if this baby is still alive." This was in front of Henry John's house. They immediately told John Fredson and they took me along with her to their house. John was like a white man; he gave orders to his wife Jean and she took care of us accordingly. The baby was limp with exhaustion. Just a little ways more and she would have died, John said of her.

They were meeting there to draw up boundaries for the reservation. Preacher Albert Tritt baptized the child right there, and John and his wife Jean stood beside her as Godparents. They finished the meeting and all the people went their separate ways. We too went back up to *Khiinjik*. At the time they said John was putting money in the bank for them. We went first to Arctic Village on the way back. You see, we all went together. The women, the children and all their belongings went in an airplane to Arctic Village. The men were going to go back with dogs. As we were all in one place, I taught school. The next fall we would move back to *Khiinjik*; we just kept moving back and forth.

CHAPTER 9

East Fork Gwinjik Tsìn T'igwiizhik

1947 June gwiizhik Gwichyaa Zhee geech'ǫǫhtan dęhtł'yaa school books karoojyàa gwinyaa. East Fork gwinjik tr'igwich'įį àkwat gwinjik gwizhrįį tr'iheedàa gòo'ąįį. Aii gwinjik t'ee Vashrąįį K'ǫǫ gòo'ąįį. It'ee zhree ch'adhàh tr'ihchoo gahtsìi, ch'adhàh daach'yaa vànaldàii kwaa. It'ee giyìłtsąįį ts'à' t'ee zhree Kias Peter, Michael Simon, Steven Peter, shįį ts'à' shigii Jean, Adeline ts'à' Julia Loola nąįį hàa nihts'èerinjil.

Aii Julia łyąą shaaghan nilįį. Oodì' gwinjik chųų ìizųų gwinyaa ts'à' diihàa hahaii gitr'igwii'èe googàa Gwichyaa Zhee gwits'èehooshizhì' yindhan. Jean aii three years and four months old nilįį. Adeline aii eight months old nilįį.

Oodì' chųų ìizųų gàgahnyaa datthak gwìnzįį gwideetàa tr'ahaajil.

Vinìhtąįį gehdàk six miles izhìk dąįį chųų gwànlįį gwiizhik t'igwii'in àkwat zhyąą van choo kak tr'ihchoo alaa k'ìt t'ôonch'yaa. Khan hee drindàhàhdlaii łii Steven nigwiił'in gàa zhree ch'adai' hee. Oodìt zhat gwirřiłk'ee k'ìt t'igwiizhik. T'aa choo teiin'ee khàneekak łii aii ghàih tr'ihchoo naanąįį. Tr'iinin tsal nèekwąįį nąįį shintl'èegaadii ts'àa teehalgal gàa gitr'iih'èe.

Gwiizhik Kias, Michael hàa aii t'aa choo vàihnyaa kak gogwąhtsit ts'à' teegihiltlee akhai' ch'ìhłee oozhee vehłì' zhak naa'ai' ch'adhah tr'ihchoo dachàn ahtsit łii, gàa vijyàa neeyąhtsit.

CHAPTER 9

East Fork River Accident

During June of 1947 we were talking about going to Fort Yukon for school books. We were living on the East Fork, so it was the only way we could go. Arctic Village is on that branch of the river. And so they made a skin boat; I don't remember how many skins it took. They made it, and Kias Peter, Michael Simon, Steven Peter, myself and my children—Jean and Adeline—and Julia Loola all got in.

Julia was a very old lady. We heard that the water was bad on the way down and we didn't want her to go with us, but she was determined to move back to Fort Yukon. Jean was three years and four months old, and Adeline was eight months old.

We successfully passed all the places on the river that people said were bad.

About six miles above Venetie the water was high; it was as if our boat was on a big lake. Suddenly there was a rapids, you see, but Steven saw them too late. We floated down as if we were shot out of a gun. There was a big cottonwood sticking out into the river, going up and down, and there the boat stuck. I had the two little children sitting on my lap; I could easily have jumped out, but because of that I didn't want to.

Meanwhile, Kias and Michael grabbed hold of the cottonwood and jumped out on it; one of them caught the bottom of his pants leg on the boat frame, but his friend caught him.

Àkwàt tr'iinin nạįį deezhik gàa gàashandàii kwaa, chụụ nìnk'oo ts'à' gàatr'ashandàii gwìch'in. Gohch'it zhree chụụ zhìt tr'ineeshadhat k'ìt t'ishizhik aii googàa K'eegwaadhat tr'ookìt vinìnjidooldhaii. Shigii aii nạįį goonaldàii kwaa. Aiits'à' t'iihthàn, "Jùk gwats'an gwihihdàii kwaa jì' K'eegwaadhat nizheh nihdèeshạạhchìi jì'," yiihthan. Oozhee chụụ zhìt hee jyàa diihthan. Chan hee neenòoshichii k'ìt t'ishizhik. Tł'ee chan hee tr'ineeshadhat k'ìt t'ôonch'yaa izhìk t'ee chan t'iihthàn, "Hey! Save hihłyàa jì' gwiizhik dihch'yaa? Neehaa'òl nạįį digigìn dagakwạį' hàa neegahaazhik àkwat jyàa dooshi'yà' deihch'yaa chan," yiihthan. Ts'à' t'ee zhree gwik'ìt t'ishi'in.

Ninghìt gwats'an sharoozhrii gwîihtth'ak akhai' t'ee aii Steven dzàa vavat vijackèt oiht'à' łii aii vats'an teekak niteeshaatrii t'inyaa łii. Khan hee k'iidàk nìdhiikhin akhai' tr'iinin ch'ìhłak zhręę ont'à'. It'ee oondàa neehihdyaa yiihthan eenjit oaałkat. "Tr'iinin ch'ìhłak daajii?" vàihnyaa. Hiiłtin kwaa ts'à' oozhàk chụụ zhìt neehîiljik ts'à' Adeline khạhchii. Gwinzįį nał'ìn akhai' łyạ̀ gòhłii t'inch'yaa kwaa tth'aii hee ts'àt dril vanôonjik. Izhik at'oohjù' hee shigii nạįį analjik.

Nihk'yàa gwàał'in zhìk diineegòo'ee datthak łạ̀ chụụ, oondàa gwatł'an hee t'ôonch'yaa łii. Kias Michael hàa oondòk njee gaagal oondàa diigaah'in. Aii chụụ zhìt niriilzhii dìhnyaa diitł'an chụụ naa'ài' t'iihnyaa. Yeedìt fifty feet chan needạạjaa gwachoo gòo'ạįį.

Izhìk k'iidì teekak datthak dìikèiichi' teeyeelyaa. Dzan dhàh it'eezhrii diilàraa aii gàa datthak. Jùk dinjii jyàa vàa digwìizhik jì' relieve choo hee ooheendal gàa izhìk dạ̀į' jyàa digii'in kwaa. Oodì' han gwinjik gwàał'in akhai' shaaghan Julia teeyahchyaa nał'in.

It'ee zhree Steven, Kias, Michael nạįį ts'à' azhràl chụụ gwànlįį ts'à' chụụ deegwaahtsạ̀į'. "Dachan ninjyàa ǫhjìi hàa diits'à' hoh'òo," gavàhnyaa, nijùk ts'ạįį diits'à' gihee'àl datthak jyàa gavàhnyaa. It'ee dachan ninjyàa gòonjìk ts'à' it'ee

You see, I didn't even know what had happened to the children, the cold water must have made me black out. Finally it was as if I awoke in the water and even then my first thought was of the Creator. I didn't remember my children. And then I thought, "If I am not to live from this moment on, Lord, it is my desire to be admitted into Your house." I thought this while I was under the water. Again it was as if I went to sleep. After that it was as if I woke up again. On this occasion I thought, " Hey! If I am to be saved I can't remain in this stupor! Those who swim use their arms and feet so why don't I do that?" And I started doing that right away!

Then I heard someone call my name from a long way off. It turned out to be Steven. I had a firm hold of his jacket at the waist, as it were, and was swaying in the current. I pulled myself up in a hurry and then I saw he was holding only one child. Now with the full intention of going back into the water, I asked him, "Where is the other child?" He said nothing as he reached down into the water and pulled out Adeline. I looked at her well but there was nothing wrong with her, she was still wrapped in a thin blanket. Finally there at that moment I remembered my children.

I looked around and there was water all around us. We were in the middle of the river. Kias and Michael were running helplessly along the shore watching us. We were in water up to our waists. About fifty feet downstream was a big whirlpool.

All our belongings were floating away in the current. Muskrat skins were the only money we had, all of that too. If this happened to people now they would get a big relief check, but at the time no one did that. As I was looking downriver, I saw old lady Julia floating away in the current.

Now then, Steven shouted to Kias and Michael above the roar of the water, "Get a long pole and come to us with it." That's what he told them. He even told them which way to get to us. So they got a long pole and waded into the water. There

teegiin'oo. Zhat chųų lęįį ts'à' chųų nint'aii aii dachan veihnyaa aii gwinzįį giik'ìighai' gwideetaa gahaa'òo. Diits'à' hundred fifty feet gwànlįį dǫhłìi. It'ee diighàih nìgiin'òo ts'à' t'ee gavàa neerihòojil. Michael aii tr'iinin ch'ìhłak aghwaa. Datthak aii dachan vàihnyaa teegwarąhtà' shįį aii gootł'an ihshyaa. One hundred ten pound zhrįį ihłįį àkwat aii chųų nint'aii izhìk shakwài' teeyihîiłnąįį gàa goihtr'àt.

Oondee teeraajil gwintł'òo tr'idluu tr'iinin nąįį hàa diizhìt gwidiinyaa. Tohtł'an gwà'an t'igwii'in. Kias, Michael hàa oondàa gaha'òo dąį' kǫ' oo'àn gihîiłnąįį łìi aii neegąhtsit ts'à' zhat geeghaii dineenjit gwigwiiłk'in. Googàa zhaknee'aa t'ôonch'yaa àkwat łyąą gwiînk'oo. Aii ts'at dril chan neegingǫǫ ts'à' neegiyąąhkìk.

Gwiizhik Steven aii zhat diinehdòk chan slough gòo'ąįį izhìk neekyaatsit. Julia aii oodìt k'iidì' gwiizųų k'ìt t'ôonch'yaa izhìk gwats'à' teeyahchyàa aii eenjit t'ii'in. Oodìt zhat k'iidì' chųų kak dhidii oondàa yùunjìk ts'à' teeyiłchii zhat ch'aghàt choo dha'ąįį t'ih niyąąhchii. Gwiizhik chan ahtr'aii. Izhìk gwats'an k'iidì' tł'eedik k'ìgwàanąįį gwizhrįį tr'ąąh'yà'. Tr'idluu gwiizhik chan chireendak gwiizhik nàragol'in.

Gohch'it dèe oodįį yeendùhts'ąįį k'iidįį tr'ih kak shree haadhàk tr'agwaah'in two o'clock vành gwiizhik. Yeedìt shaaghan tr'ookìt ts'à' neegiinkwąįį aii oodii neegąąhchii. Aii juu t'ii'in gànaldàii kwaa Abraham Christian t'ii'in gwìch'in. Yeendùhts'aii gwats'à' tr'ih tsal hàa neediiginlii. Aii Julia aii han k'iidì' yineehìłkwaii aii dinjii diits'ìnyaa aii. Diikhwan aii Vinìhtąįį gwats'à' tł'eedik dì' tr'ahàajil. Julia aii vidzìi chųų intł'it łii ts'à' gwintł'òo iłts'ik.

Gwiizhik shįį chan noihkhit yiihthan gwiizhik gwihdàii ts'à' oodee gwizhrii shàgwandàii dàa'ąįį. Shin datthak September gwats'à' jyàa diich'yà'.

It'ee Vinìhtąįį k'eeriidàl ts'à' Henry John vizheh gich'iridiintin izhìk Julia vak'ăałtii.

was deep water there and a strong current, and the pole they were carrying helped them cross. It was probably 150 feet to us. They came to us and we started back with them. Michael was carrying one of the children on his back. We were all holding onto the pole and I was in the middle. I weighed only 110 pounds, and the swift water swept me off my feet, but I held on.

Once on shore we were all so cold! The children and I were shivering. It was around midnight then. When Kias and Michael started off to get us, they had thrown their matches on the beach. And now they grabbed them up and lit a fire for us. Even so, the sun was under the horizon and therefore it was really cold. They wrung out that thin blanket and were drying it.

Meanwhile, Steven quickly swam across the slough behind us. He was doing this for Julia who was floating down to a bad place below. As she sat there in the water he grabbed her. And then he brought her ashore and placed her behind a large uprooted tree. Meanwhile, it was also windy. From there we saw him disappear along the bank. Shivering and exhausted, we waited.

Finally, around two o'clock in the morning, we saw the reflection of the sun on a canoe on the other side of the river. They canoed across to the old lady first and brought her to where we were. I don't remember who it was; I think it was Abraham Christian. They took us across with the canoe. The man who was helping us took Julia downriver in the canoe. As for us, we walked down to Venetie along the shore. Water had gotten into Julia's ear and she was very sick.

Meanwhile I wanted only to die, yet I lived and my life-force was laid bare (in a precarious state) up there. I was like that all summer long until September.

We arrived at Venetie and opened up Henry John's place, and there I took care of Julia.

Aii dinjii diits'iinyà' vàihnyaa aii Tsuk K'ǫǫ gwats'an k'eiich'ii kanidii t'ii'in łii. Izhìk diihàa gwaandak; "It'ee neehihdyaa gàa chan lidii neehâaltsyàa yiihthan ts'à' lidii naaltsii gwiizhik dinjii goonyaa kwaa zhyaa shats'à' ganleeraanąįį," nyaa. "Deegwinyaa t'igwinyaa gàashandàii kwaa akhai' Steven t'inyaa łii." nyaa. Aii hàa chan neehòozhii gàa, "Venètie landing gwats'à' hihkwaa." nyaa aii ookìt Yukon River gòo'aii t'agwahnyaa. Izhìk t'ee David Henry dizhehk'aa hàa gwigwich'įį łii izhìk k'eekok. Gwichyaa Zheh tr'ihchoo keehàazhii t'ii'in Julia gwintł'òo iłtsik ts'à'. Zhat landing k'eekok gwintł'òo cheendak ts'à' naachįį gwiizhik shavàa zhìt tr'ihchoo dǒiik'ii nyaa. Khakidoolnąįį oondàa gwâal'in akhai' yeedįį ts'aii tr'ihchoo daadhàl nyaa akhai' Beaver gwats'an Howard yàhnyaa gwìch'in. Ts'à' t'ee flag down givìłtsàii łii ts'à' t'ee gavàa hàazhii łii. Oonjìt Gwichyaa Zheh k'eegiidàl ts'à' t'ee tr'ihchoo yàahahłaa kantii łii akhài' Tommy John aii oonjik łii ts'à' t'ee chan diits'à' tr'ihchoo neegihìłłit.

Gwichyaa Zheh gwich'in nąįį gwintł'òo shook up gaadlìt łii, gàa chan datthak tr'àgwandàii shòo gaadlìt łii. Tommy Gwichyaa Zheh k'eeneediinaazhik ts'à' t'ee Julia hospital nagąąhchįį.

I mentioned a man who helped us before, as it turned out he was on his way from *Tsuk K'ǫǫ* to get some more stuff. He was telling us about that time: "I was about to leave when I decided to make some more tea. And while I was making myself tea I was not expecting anyone, but someone was knocking at the door. I had no idea what this could possibly mean, but it turned out to be Steven," he said. He left with him then, but said, "I'm canoeing to Venetie Landing." That's on the Yukon River. David Henry and his family were living there and he canoed there to them. He was heading to Fort Yukon to get a boat because Julia was pretty sick. When he had canoed to the landing, he was very tired and went to sleep, and in his sleep, he said, he heard a boat. "I woke up like a flash and looked out (across the water), and sure enough there was a boat motoring up the other shore." I think he said it was Howard from Beaver. He apparently flagged them down and went with them. When they arrived at Fort Yukon he looked for someone to take him back in a boat, and then he found Tommy John and they came back to us in a boat.

The people of Fort Yukon apparently were all shook up, but then we all lived and they were overjoyed. Tommy brought us back to Fort Yukon and they admitted Julia to the hospital.

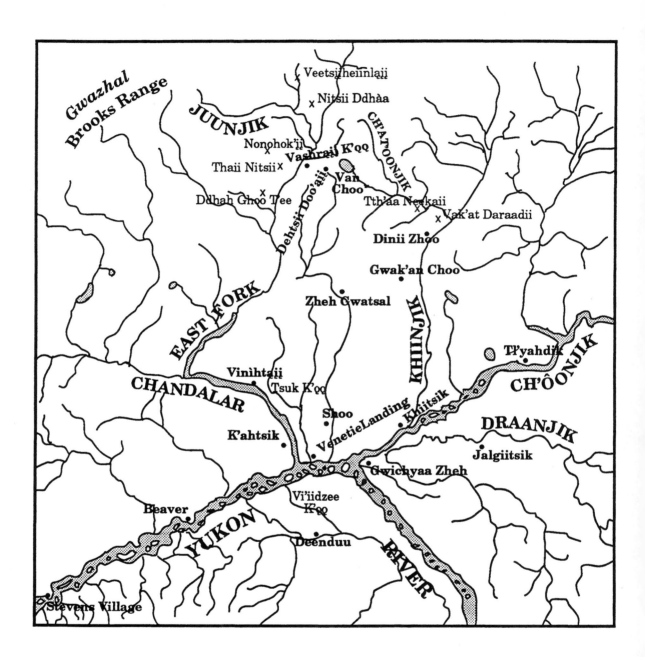

Gwazhal
Brooks Range

JUUNJIK

Veetsįheįįnlaįį

× Nitsii Ddhàa

Nonohok'įį

Vashraįį K'oo

Thaii Nitsii ×

CHATOONJIK

Van
Choo

Ddhah Ghoo Tee ×

Dehtsir Doo'aįį

Tth'aa Neekaii
×

× Vak'at Daraadii

Dinii Zhoo

Gwak'an Choo

Zheh Gwatsal

EAST FORK

KHIINJIK

Tł'yahdįk

CHANDALAR

Vinihtaįį

Tsuk K'oo

CH'ÔONJIK

Shoo

Venetie Landing

Khiitsik

DRAANJIK

K'ahtsik

Jalgiitsik

Gwichyaa Zheh

Beaver

Vi'iidzee
K'oo

YUKON

Deenduu

RIVER

Stevens Village

100

INDEX

Place Names

INDEX

People